牛棚乱翻书

牛棚乱翻书

田易 著

Browsing Books in a Barn

Tian Yi

AcerBooks

牛棚乱翻书（红枫散文丛书之二）
作者：田易
封面摄影：陶志健
出版：Acer Books (acerbookscanada@gmail.com)
书号：978-1-0688485-4-4
定价：CA$24.99

红枫散文丛书
策划：黎杨
编辑设计：陶志健

Browsing Books in a Barn (Acer Essays Book 2)
Author: Tian Yi
Cover Photo: Tao Zhijian
Publisher: AcerBooks

ISBN: 978-1-0688485-4-4

Acer Essays (Series)
Planner: Li Yang
Editor/Designer: Tao Zhijian

Acer Books Canada, International Humanities Publishers, Montreal, Canada
Email: acerbookscanada@gmail.com

目录

牛圈来了个诗人（代序）

诗人朋友来了。

他唠叨：这些日子，单位乱，搞竞聘，同事们毛了，竖着耳朵上班，提拉胆子回家，睁着眼睛睡觉。诗人闹腾，心长了一片野蒿子。就跑到我这儿，跟着铡秸子，粉苞米，拌草料，逛牛市……大口大口喝酒，大把大把淌汗，梦中都乐出了声。

上世纪八十年代，盛产文学青年，乌泱乌泱的。朋友混迹其中，写过一些诗，东一榔头，西一棒子，发表了几首，就成了“诗人”。诗人的诗，有感皆成泪，不着天地，远离俗尘，有点酸，像老黄瓜种。我压根儿弄不懂，总盼自个儿能怀孕，囫囵个儿吞进去，免得遭罪。早年的王国维，大师，写了《人间词话》，后投了水，可否让“酸”给逼的，走了绝路？

忙乎了几天，诗人没掉膘，腰上的肉喧了，一抓一大把。我赞美他，富态点好，形散而神不散，一瞅还是个诗人，绝不是一般的“炮儿”。

诗人头发稀了，却留了个马尾巴，细溜儿的，在脑后挂着。牛倌们奇性，不见外，就问：“你整一首诗，能卖多少钱，顶一副牛鞭宝吗？”

诗人翻翻白眼，没吱声。我吆喝他们：“扯啥蛋，着五不着六，嘴臭得快飞出个蝇子。”牛倌们接着说：“大哥，哪天你也掂对几句，念给大伙儿听听，别看我们大字不识几个，可闻闻味儿，也能觉出正不正。”说完，都哈哈大笑，朝我要烟抽。

一牛倌，作诗人状，背着手，踱八字步，边瞅着牛，边摇头晃脑，怪声怪气道：

周周正正的身条
油油光光的皮毛
眨眨巴巴的眼睛
短短粗粗的犄角

我一怔，暗称知音，这也是一首诗呀。此牛倌不凡，乃牛棚诗匠，便是乡下老太太听了，也能叫好。

酒桌上，诗人得意小烧（散白酒），烈性，三口就红了脸。说："见了你的牛，肥了诗的意象，瘦了我的心思……"

诗人说："听了宰牛的事儿，心痛，在冬日的长夜，将吹响牛骨磨成的洞箫，让我们脸上的悲怆来得更悠长一些……"

诗人还说："有一句诗，叫'沙是渴死的水'；那么，牛则是前世的人……"

酒潮了，诗人劝我：在牛棚里，该多读点诗，令其意蕴沦肌浃髓，以化为脉搏心得，则添些夫子相书生气。可我听不进去，满手的牛粪味儿，捧诗而诵，岂不有辱诗圣诗仙诗贤诗鬼。再者，时下的诗，多虚无，少灵魂，一行行的酸、涩、晦，看得人直起鸡皮疙瘩，脑仁子生疼。

诗人很气愤，啪啪地拍大腿，惹得牛们穷蹦跶，一脸的没文化，斜楞眼珠子瞅。牛棚梁上的鹩哥，惊吓了，扯着嗓子喊："宰牛的来了，宰牛的来了！"唬得牛们忙低下脑袋，大气不喘。

诗人就是诗人，发神经了，撸下头绳，疏发飘逸，站在槽头上，朗诵了徐志摩的《花牛歌》：

花牛在草地上坐
压扁了一穗剪秋萝
花牛在草地里眠
白云霸占了半个天
花牛在草地里走
小尾巴甩得溜溜
花牛在草地里做梦
太阳偷渡了西山的青峰

我心里想：我圈里的牛，多为黄白花，串了外国的种儿，可它们眼界浅，从未见识过“剪秋萝”。至于梦呢，做不做，当然了。梦中“太阳偷渡了西山的青峰”，不太可能，估摸只是吃草料，没完没了。它们的梦，也有不踏实的时候，比如刚入圈，才叫牛贩子估了个头儿，外面的风声雨声太紧，身旁的牛瞎折腾啥的……

但我虚假，嘴上却说：“好，服了，心服口服，喝了酒，记性咋这么好，比蜜蜂还强！”

诗人兴奋了，随口又吟了几句：

这条牛，拉了六十年的犁
最后，拉了两块枷巴，和一些鞭痕
回到了牛圈
……

我听了，一脸迷瞪，问："谁写的？"答："忘了。"又问："这牛真抗造，尿性，能活六十年吗？"他乜了我一眼："靠，这是诗！"

我说："管它湿（诗）的干的，你这玩艺儿，玄玄乎乎，不贴铺衬。"于是，一时兴起，背了一首自个儿写的：

你不是一头牤子
你是一头乳牛
你吃了我的草料
你下了一头小乳牛
小乳牛争气
又下了一头小乳牛
乳牛下乳牛
三年五个头

诗人听罢，猛喝了一口酒，半天才咽下去，脸变白了，让我给他找一张纸。我掏出个本子，是牛场记帐用的，他撕下一页，说："奇文共赏，快给抄上，抄上。你这白开水，怪顺口的，留着自己哥们的东西，总比不认识的强，常拿出来看看，算是个念想。"

诗酒趁年华。诗人沧桑历经，口吐骊珠，能养出凤凰。自个儿呢，粗识文墨，笔拙思钝，只配养牛。事实上，我想当诗人，也当不了。你一边喂着牲口，一边望着梧桐树，牛会不高兴的，会长哞几声，像是在提醒：干啥呢，快点添草料！

只要我心情好，牛的叫声，就别具意蕴，如开了线的"诗三百"，格律皆破，独押一 mōu 韵：

哞——

第一辑

牛棚乱翻书

跟马致远聊闲

我翻书，啥体裁都行。可身在牛棚，活多，人杂，少整状功夫，有时就读读短而精的诗词。今人的无大兴趣，流行的倒看不惯，古人的有些嚼头，不算浪费精气神。

偶然，又翻到元人马老夫子的《天净沙·秋思》，便有了小体会，说出来，博大家一笑。

早年的马老夫子，背包摞伞，奔波仕途；晚年流落杭州，终老南山，叶落不得归根。闹心了，就憋出首小令：一匹老马，驮着断肠人，走来了，从天边走来。断肠人穿过古藤老树，他知道那是归巢昏鸦的路；断肠人踏过小桥流水，他知道那是庄户人家的路。断肠人的路，在西风薄情中，在夕阳血色里。

小令中的老马，瘦，瘦得举不起蹄子；瘦如马老夫子，一身干巴骨头，铮铮响动。

在我的印象中，古来诗人多偏爱骑驴，比如：出身寒门的贾岛，于驴背吟诵“鸟宿池边树，僧敲月下门”，留下了“推敲”的美谈；诗僧贯休，从杭州骑驴入蜀，写下了“一瓶一钵垂垂老，万水千山得得来”的名句，驴蹄子的声响，成就了“得得和尚”的雅号；穷得叮当的杜甫，走投无路，苦吟：“平明跨驴出，未知适谁门”。接着，白居易跟上来了，凄然留下“日暮独归愁米尽，泥深同出借驴骑”；再接着，是北宋的苏东坡，在《和子由渑池怀旧》中，问其弟，“往日崎岖还记否？路长人困蹇驴嘶。”一番问答，兄弟共忆驴背奔波的艰辛……难怪，钱钟书先生说："驴子仿佛是诗人的坐骑。"

因而，我窃以为，马老夫子应当骑驴，而不是骑马。最好是一头瘦驴，这样，更贴合自个儿的身份与心境。马和驴，同样可借脚力代步，若论矫健潇洒，莫过于马了。算我多事儿，为何劝马老夫子你，舍马而骑驴呢？缘由大体有三：

一是你有啥资格？古时，马乃尊贵的象征，如同轿子一样，不是啥人可随意乘坐的。当初，你是地方小吏时，或许骑骑马，在城里兜几个圈子，小风得意马蹄疾。而眼下，谁让你跟官家较劲儿，退隐了，老守田园，自号"东篱"，与平头百姓有啥区别？马壮门面，你家宅前配拴马桩、下马石了吗？有头驴骑就不差啥了。

马再瘦，人家照样出身金贵，比驴高一头。宝马良驹，谁没有梦想？单表其美名吧，什么骐骥、騼驹、骄足、龙子、龙孙、龙种的，难以概全。而落到了你马老夫子手中，别说跟"文王九逸""太宗六骏"沾不上边了，兴许连草包肚子，都填不饱。

话说你的笔好使，把马写在小令里，可只有"瘦马"两字，还同愁思苦景连在一起，成了千古绝唱，这叫人家马多丢面子，冤枉不？要是变成一头驴，受累于你胯下，倒也心甘情愿，没招儿。

二来你有啥余钱？归隐后，晚景凄凉，家境看来不宽裕。虽说你当时与关汉卿、白朴、郑光祖齐名，并称"元曲四大家"，被后世尊为"秋思"之祖。可名气再大，没出集子，没名人题序，没一版接一版，更没"洛阳纸贵"，手头能有几个闲钱？买马，养马，得有精力财力，你的马瘦，那是没照管好，没给精料吃。马不吃夜草不肥。

驴呢？就不一样了。它们性子温顺，能驮，能拉，能走远道，负荷力强；而且耐粗饲，喂稻草苞米秸子都长膘。对于穷酸诗人来说，对于你马老夫子而言，驴好，买得起，养得住，好驾驭，用途广，通人性，确实物美价廉。钱是有用的，该花得花，该省得省，别显摆，这不是你的性格。

三则你有啥心情？临秋末晚，你马老夫子，正如你的名字，淡泊明智，宁静致远，把功名富贵视为粪土。已远离闹市，心胸变了，喜好也该换了。

榜样的力量是无穷的。

先说说李白。“诗仙”，腕儿比你大吧，人家得意的时候：“……曾用龙巾拭吐，御手调羹，力士脱鞋，贵妃捧砚，天子殿前当容走马……”（《合壁事类》）还有，他当着唐皇的面，曾挑逗娘娘，是否一番“拉手手，亲口口”不好讲，莲足轻探，秋波暗送，诗思泉涌保证是真的。过后，来脾气了，不肯“摧眉折腰事权贵”，辞官别京，骑驴浪游。“五花马”呢？和“千金裘”一块儿换了美酒，喝高了，两颊桃花，一襟细雨，颠踬到人家衙门口，装疯卖傻。当官的不让了，一顿吆喝。于是，抱怨“华阴县里不得骑驴”。

再说说你的前人陆游。人家以身许国，立志收复中原。年少从戎时：“独骑洮河马，涉渭夜衔枚。”投身军幕后：“铁衣上马蹴坚冰，有时三日不火食。”“楼船夜雪瓜洲渡，铁马秋风大散关。”沙场上，马是他过命的战友，相伴相随。等离开连天烽火，要回后方成都了，陆游不急于赶路，快马加鞭，就换成了驴。他在《剑门道中遇微雨》里写道：“衣上征尘杂酒痕，远游无处不消魂。此身合是诗人来，细雨骑驴入剑门。”有诗有酒有驴，心情苦焦，倒也逍遥。

作为你马老夫子，既然追慕陶渊明，就应该跟五柳先生一样，沾露摘黄花，煮酒烧红叶，醉卧东篱下。那就该离马远一点，别再想着哪一天——马上封侯，马下管民了。最好养头驴，不胖不瘦，不硌得慌，出门骑骑："何处幽人驴子背，一鞭残照苦吟诗。""独有苦吟驴背客，冲风冒雪度前峰。"

另外，马老夫子你养马，烦心不烦心。你曾唠叨过："近来时买得匹蒲梢骑，乞命儿般看承受惜。逐宵上草料数十番，喂饲得膘息胖肥。但有些污秽却早忙刷洗，微有些辛勤便下骑。有那等无知辈，出言要借，对面难推。"（《般涉调·耍孩儿——借马》）你说遭罪不遭罪，自个儿操心上火，累得够呛，别人来借，借是不借？况且你养的还是匹"蒲梢"马，那可是大宛良驹啊，得花多少银子，搁啥伺侯？老守田园的人，一般不干这事儿。要是养头驴，不显山不露水，旁人能来借吗？要是借了，也不心疼。

再啰嗦几句。马老夫子，你也老了，得服老。马呐，人高个大，有时不听话，你收拾收拾它，得寻思寻思。收拾驴，它不过尥尥蹶子，哥呵哥呵地哭几声，也就算了。我听说马咬人，可没听说过驴咬人的，要不是咋叫笨驴、蠢驴、傻驴呢。

我在牛棚里，喂过一头驴，公驴，也称"叫驴"。一听见"草驴"呼唤，就不吃不喝，横踢牛槽，挣命地扑腾。等牛倌一喊，它立马消停了。我骑上它，老老实实地走，一点不嘚瑟。我松开缰绳，由着它性子，慢行。慢，是一种心境，正合古意。眼前的景色不错，草长草绿，林深林幽，鸟鸣鸟飞，水流水吟……于是，就想写点东西。

古时，诗人与驴结缘，或蹄踏斜阳，或游山玩水，或访友问幽，遍觅佳句而归。眼下的人，虽也能弄些长短句，可跟驴不亲了，一没地儿养，二没身子骨骑，三没心气儿搭理。驴都进圈了，成了肉驴。

常言道：读古人之书及与古人交。马老夫子，作为爱点文字的人来说，后生我该跟你遇上。遇上了，好，就送你一头驴吧。

初恋冬妮娅

向来，不咋愿意读外国名著，一是事儿离咱们太远，背景模糊；二是啰里啰嗦，多大段的心理描写；三是书太厚，累得慌。

飞雪的日子，到牛贩子家喝酒。他家挨着村图书室，进去瞅瞅，有一本《钢铁是怎样炼成的》。心头一亮，如同见了老相识，于是借来，放到牛棚慢慢翻。

这本书，“文革”时看过，是偷拿家中的《密西西比河上》，跟邻居换借的。那本书，旧，竖版，纸黄。读过的人，在自以为名言警句的地方，用红蓝铅画了杠杠。凡是有杠杠的语句，我都多读几遍，明眼动心。便一笔一划的，抄在小本子上，常拿出来背诵，让自个儿激奋一回。

那时候，整本书啃下来，费劲儿，情节大半缥缈，人物飘忽不定，可最入眼的人，竟是冬妮娅。

异国女儿家冬妮娅，是个上层社会的小姐，她没有追随保尔，而是嫁给了有地位的铁路工程师。当保尔破衣烂衫，吭哧吭哧铲着雪，抢修铁路时，她小手笼在皮护套里，心中风言风语：“这青年伙夫除了掘土外，不会有更大的出息了。”尽管当年才十二三岁，半大个小子，我也觉得：冬妮娅不算个“好人”；当然，我也拿不准，她算不算个“坏人”。但不论她好与坏，她还是抓住了一个小小少年的眼珠子：

一个女孩子正扶着柳枝，身子低低地俯在水面上。

她穿着领子上有蓝条儿的白色水手衫和浅灰色的裙子。一双绣花短袜紧紧地套在晒黑了的匀称的脚上，下面穿的是棕色的皮鞋。栗色的头发编成了一条粗大的辫子……

哦，这就是保尔第一眼的冬妮娅，也是我头一回认识的俄罗斯女孩。她身上的那种美，那种别样的美，印象深刻，让周边的小女生们，难以入眼了。

本来，在那个年代，读《钢铁是怎样炼成的》，是在读一本圣经，是告诉你："钢铁是怎样炼成的"。而你呢，却偏离了"正统"，顾不上正在"被教育"，精神头只盯着一个女孩——漂亮的冬妮娅，这是不是有点问题？今天想来，一个男孩子，眼界只能那么宽，心气儿也只能那么高。他跟保尔一样，惊奇美的同时，巧遇了自己的初恋。

后来，这本书我又借过，书中已撕掉了几页，写的是：保尔在狱中，和一个少女关在一起，少女对他好，要把自己最珍贵的东西献给他……

现在，冬夜。在牛棚里，重新翻开《钢铁是怎样炼成的》，保尔又一次走到身边，跟我促膝长谈。这个刚强的小伙子，露出了难得的笑容。他的身旁，冬妮娅又向我招手，拈花而来。趁着透窗的月光，我再次细细打量她——一个永远青葱的女孩：

年轻的保尔，青涩，血热。无赖少年苏哈里科惹了他，被一拳打入水中，冬妮娅大笑；革命者朱赫来面临危险，保尔救了他，生死难料时，冬妮娅焦虑；保尔逃出了监狱，走投无路，冬妮娅收留了他，给他洗脸梳头，柔情似水，并在第二天，护送心上人去了前线……

冬妮娅，作为林务官的女儿，家境优渥，天生丽质，周身缭绕着贵族的蔚蓝气韵。她却背叛了出身，倾心于一个底层少年，并在危急关头，给予支持、爱护和奉献，足见其友情纯真，爱情炽热。

在俩人分别时，“冬妮娅悲伤地凝望着闪耀着碧蓝的河流，两眼里饱含着泪水。”此刻，他们都才十七八岁，年少不懂爱情，但是没有冬妮娅，就不会有保尔。

这回，翻得细点儿，感觉出了作者的原意。冬妮娅的出现，是放在保尔的对立面的，多少有些“谴责”的意味。在一般读者眼里，冬妮娅招人不待见，或许美中不足，原因只有一个：就是最终没有选择保尔。可我们别忘了，那是一个久远的岁月，战争动乱，对一个青葱女孩而言，生活才刚刚开始，却要赌上终生，去苦等一个生死未卜的人，这现实吗？要是这样，也够残酷的。冬妮娅爱保尔“这个人”，一旦保尔丢弃自己，她的所爱就毁灭了。冬妮娅代表着爱情，而保尔则代表着革命。

其实，冬妮娅并没有变“坏”。在铁路工地上，她邂逅了保尔，还是那么友爱，叫他的昵称：“保夫鲁沙，你好。”“你的生活怎么搞得这样惨呵……”后一句话听起来，确实有些刺耳，细想之后，也不能怪她。她只不过讲求点实际，只不过对保尔的理想不够理解，话里话外有疑惑，也有忧虑，更有对初恋的关爱。可她的心地是善良的，等保尔要求她铲雪时，冬妮娅动员丈夫一块参加了。而这在九十多年以前，在更加寒冷的俄罗斯大地上，对于她这样的少妇来说，是难能可贵的。为此，不应过多地指责冬妮娅。

牛倌瞅我翻得入迷，就问：“咋黏糊书上了，有搞破鞋的？”我苦笑，摇了摇头，说不明白，就不明白地说。

重翻经典，仍然是一本圣经，堪值顶礼膜拜。保尔在家乡烈士公墓前的那段内心独白——“人的一生应该这样度过：当他回首往事时……”我又默诵了几遍，又一次工整地抄在笔记本上。保尔，永远是一面心中的旗帜。

而冬妮娅呢，她深陷的大眼睛，飘动的裙裾，天使般的笑声，纯洁善良的情怀……依然春光一片，激起一个中国老男人心中的波澜，温暖潮湿了整个冬夜，灵魂再次沉落，沉落于那个遥远年代的一次艳遇。

我把自己交给了冬妮娅。

紫姑保佑

记得，早年读史铁生的一篇小说，叫《詹牧师轶事》。文中有一细节，一个小屁孩儿，指着一幅神圣的肖像，问老爷爷："这个大胖子也有屁眼儿吗？"按他的眼界，这个"大胖子"要是有"屁眼儿"，就得拉屎。

我发现，在这个世界上，人们只在意吃喝的问题；而对拉撒的事儿，却大都有意回避。这样不好，是偏见，是虚头巴脑，是忘了自然规律。

曾有一次，翻《红楼梦》。我看到有这么一段，多次写凤姐儿去"更衣"，觉得她真卖俏，臭显摆，老是换衣裳，像如今当红之女模。后来，长了些见识，才明白此处的"更衣"，就是现在的上厕所。因古人多穿长衣，如厕咋能方便，须脱掉，所以就有此雅称。弄清了"更衣"的真相，不得不佩服曹雪芹的高明，老夫子太文雅了，太大手笔了，太大男人小着眼了，连凤姐拉屎撒尿的屁事儿都顾及到，谁还能说啥。

这回，牛棚乱翻书，《欧阳文忠公文集·归田录》上说：

> 钱思公虽生长富贵，而少所嗜好。在西洛时尝语僚属，言平生惟好读书，坐则读经史，卧则读小说，上厕阅小辞。盖未尝顷刻释卷也。
>
> 谢希深亦言：宋公垂同在史院，每走厕必挟书以往，讽诵之声琅然，闻于远近，亦笃学如此。余因谓希深曰：

余平生所作文章，多在三上，乃马上、枕上、厕上也。盖惟此尤可以属思尔。

在这里，欧阳修白纸黑字，告诉后人，当年有钱思公、宋公垂两位文人，嗜好如厕读书，并读得津津有味。而他自个儿呢？则厕上构思，更能文思泉涌，盖因此处能够聚精会神。

话说欧阳修有眼光，有体验，直接把上厕所的好处给写出来了，这不由想起：在中国古时候，民间供奉的各路神祇中，有一尊叫“厕神”。传说“厕神”是位女性，名紫姑，唐代人。她打小聪明好学，言辞华丽，长大后嫁一伶人为妻。唐武则天垂拱年间，出了个坏人，寿阳刺史李景捏造罪名，将紫姑之夫打入牢狱，强纳她为妾。紫姑年轻漂亮，即遭李家大老婆嫉恨，于正月十五夜半，被杀死在茅厕。

紫姑冤魂不散，常在厕内啼哭，老天爷听说了，可怜她遭遇，封为厕神。于是，世人就按紫姑模样，做成纸人或木人，供于厕中，每逢元宵节迎祀。

据讲，紫姑神特有灵气，占卜打卦能知祸福。而且在袁枚的《子不语》中，极言紫姑神关爱读书人，在他们如厕时，就近助添妙思，以成锦绣文章，护佑其金榜题名。

由此看来，紫姑神对读书人好，到底罩没罩过他们，最起码是在欧阳修身上显灵了。试想一下，曹老夫子敢破习俗，在写凤姐儿更衣这一段时，是否也在厕上构思的呢？

说来一笑。

回到眼前，牛没文化，不讲文明，随地大小便，把牛棚造成了大厕所，招来一帮帮绿头蝇子，嗡嗡地炸营。我在牛棚翻书，也愿望厕神紫姑护佑我，写出些清净文字来。

手势

多年前，书店清库，处理残本，便踅摸了几册《清史稿》，总没空儿读。后来就带到了牛场，在牛棚里得闲翻翻。

据《清史稿》第三十一册记载：明末的蓟辽总督洪承畴被俘后，清太宗想收他，就命范文程前去劝降。起初，洪承畴顿足大骂，慷慨激昂，宁死不低头。过了一会儿，房梁上的一条灰绺子，恰巧掉在其衣服上，他赶忙用手掸掉。

范文程二话没说，起身告辞，立马呈报清太宗："洪承畴绝不会死。"太宗问："何以见得？"范文程答道："他对一件衣服尚且那么珍惜，何况是性命呢？"没出所料，不久，洪承畴果然叩头请降。

由此可见，范文程了得，以自己的观察和判断，心机灵敏，捕捉住掸灰尘这微小手势，并豁然明朗，洞悉了对方的心灵奥秘。而正是洪承畴的一只会说话的手，直接把自己丰富的内心，给具象化了。

平日，我对手势不太在乎。读了这一段，着实佩服范文程的眼力。手，是人的第二张脸，心有所思，手有所指。

刚到牛场时，手可哪儿摸，造得魂儿画儿的。想抽烟了，抬起手闻闻，一股说不清的腥臊味儿。想洗洗，眼前没水；接着两手搓摩，搓摩后乱甩。乡亲们瞅着我，眼神怪怪的，双手直往身后藏。姥娘在跟前儿，呸！往地上吐了口唾沫，说："穷干净个啥儿？嫌埋汰，就别长手。"说完，卷了根叶子烟，塞进我嘴里。

姥娘八十多岁了，个儿不高，硬实。

该喂牛了，姥娘一手拎着烟袋，一手拿个料棍，捋着槽头扒拉草料。牛倌们嫌“挡碍”，又怕磕着碰着顶着，劝她快甭忙乎了。姥娘压根儿不服老，越劝越忙倒，越忙倒越添乱，只得由她了。

牛吃草料，饿鬼一样，一头大花牤子挣命，开了缰绳。牛倌们撵，牛三冲二撞，蹿进了过道。过道窄巴，刚好能错开两个人。可这大花牤子它肥，足有一千多斤，脊梁杆儿比门脸子还宽，扑扑腾腾，奔姥娘就蹿过来。姥娘她没着慌，伸开膀子，一手烟袋一手料棍，不住地向前胡噜。

猛地，大花牤子前腿一撑，后蹄子一锉，整个身子山塌似的，朝后坐了下去，刹住了。

牛为啥害怕了呢？书上说：牛的眼睛是凸透的，能把眼前的东西放大，变形了。那么，人在牛的眼里，到底有多大，我叫不准，管保又高又膀。要不，牛咋听人话呢？

老辈人，对牛知根知底。姥娘伸开膀子，身形自然粗大了，至少粗大了一圈；再加上两手攥着傢物什儿，不停地胡噜，牛一瞅，眼睛更花了，就会觉得自个儿更小，能不老实？牛，就老老实实地做牛。

姥娘她不识字，可姥娘不糊涂，知道用“身体语言”，明白手势的妙用。

买骆驼

卖了几头牛，价还可以，把它们留下的缰绳捋巴好，放了起来，算个念性。自个儿养大的牛，走了，心里不好受，就喝了几瓶啤酒，坐在它们舔亮的槽头，翻翻书。

《亚洲腹地探险八年》，是瑞典探险家斯文赫定写的，此书我以前看过，不是心思。赫定去过的地儿挺多，也留下不少缺德的事儿，我干生气，没法子，都成了过眼烟云。我走马观花，也曾到过大西北，瞅了一些赫定算计过的地方，手脚直颤，太抓挠人了。

书中，赫定他们行进艰难，在茫茫戈壁上，巧遇了一伙蒙古人，人生地不熟，就托他们帮买骆驼。蒙古人提出要求，先给钱，再去买，这种做法，叫“空手套白狼”，相当冒险。你想：要是人家揣了钱，撒丫子跑了咋办？即便他们讲点面子，果然买回骆驼来，尽是一帮老弱病残的，又咋办？

牲口多变，人心难测。只要他们想这么做，准会找到由头的。我也算半个牛贩子，行内的猫腻花活，俺懂，门儿清。家家买烧酒，不漏是好手。

一头骆驼一百个银元，一百头骆驼多少钱？钱已被拿走，赫定他们一伙老外，只能任命了。过了不久，蒙古人回来了，不但如数带来了骆驼，还全是好品种。赫定乐呵，太乐呵了，跟蒙古人成了哥们。他拿出留声机，放音乐，是瑞典的国歌。时已六月，连天暴雨，荒原阴冷彻骨，蒙古人用毡子苫住牲口，在暴雨中为探险队守护骆驼。

书中还写道，赫定一伙儿馋了，找到一个蒙古老人，预购了四只羊。第二天，老人脸煞白，腿打飘，把羊赶到了探险队营地。原来，他夜里赶羊出来时，遇到一只狼。这只狼可是孤狼啊，孤狼甚毒，一直在后面尾随，哈喇子沥拉一道。而老人呢，手里连根棍子也没有，多悬。

诚信是金。不管咋说，赫定这哥们有福，尽遇到好人。

我刚养牛那阵儿，发蒙，最打憷上牛市。听老牛贩子白活：趟牛市这滩浑水，一脚深一脚浅，免不了呛个一口两口的，你没地儿说理？

市上有个年轻的牛贩子，叫啥“小狸子”，也就二十多岁。据说打小嘞指头露鸡子的时候，就跟长辈在市上混，玩牛玩得精，玩得邪，玩得滴溜溜转……

我相中了他的五头架子牛：两头红的，改良的“利木赞”；两头黄白花，是串了秧的“西门塔尔”；剩下的一头黑牛，坯子挺旷，有点“安格斯”血脉。他要价喧，我还价虚，经过一通穷磨咕，最后咬定了钱数。因为我还得在市上转，就叫他把牛拴到树荫下，先阴凉着。

等回到牛场，我咋瞅咋不靠谱儿：五头牛中，一头红的跟一头黄白花，比我在市上估的个头，整整小了一圈。心里一个劲犯嘀咕，也就半晌功夫，牛膘就掉成了这个损样子，是自个儿叫日头给晒花了眼，还是晒走了眼？这时，一个挺知近的牛贩子，给我来电话，问是不是有两头牛不对劲儿？我明白他话里有话。

到了下一个市，我碰上小狸子，说你的牛是气吹的，还是水发的？怎么到了我手里就瘪茄子了呢？他脸不红不白，指天指地：“要是谁换了牛，叫他立马烂下水，得绝症，出门就上兽医院。”他还直嚷嚷，“谁要是干这缺德事儿，天打五雷轰，打根儿起就不是亲爹揍的！”

瞅着他起誓发愿的架势，我心里咯噔咯噔的，既窝火，带憋气。可又没摁住人家的手，说不清，道不明，苦水只好朝自个儿肚里咽，算是认栽了。常搁江湖飘，哪有不挨刀。以后再买牛时，开始加了十二分小心。

圈里的牛圆膘了，正赶上要过五月节（端午节），我拉二十头牛上了市。心想，杀个小鸡还得扑棱两下子，谁输谁赢，我得试巴试巴，瞅准了闹个好价钱，别叫牛贩子们看扁了我。

还没等牛下车，一帮“杀茬子”蝇子一样围了上来。有喊价的，有杀价的，有忽悠的，也有搅合的，乱哄哄地摽上了劲儿，把市上搅成了一锅热粥，有的人想掺乎都插不上嘴。

我不着忙，乐呵呵地要价。那小狸子过来了，叉着腰，帮一外地贩子买牛。他嚎唠一嗓子：“这牛我全兜了！”那气势牛皮地厉害，牛皮得叫乱了营的牛贩子们，脸都憋紫了，个个掏出烟来朝我手里塞。

我死咬一口价，他应了。后来，听说那帮牛杀赔了，小狸子也跟着落了埋怨，掉了“链子”，再没脸和人家着面儿了。他呛了肺管子，跺着脚骂自个儿：“这回算是损秃噜了皮，眼珠子叫牛踩了，脑门子叫牛踹了，心眼子也叫牛舔了。”他还四下放风，说我不讲究，成心“黑”他。

我心里安稳，也挺乐呵儿。我压根儿没打算“黑”上谁，谁给的价好我就给谁牛，这叫周瑜打黄盖，一个愿打一个愿挨，只要心不黑就成。

眼下，我坐在牛棚里，边翻书边遗憾，遗憾自个儿生得太晚了。要是早个一百多年，兴许能跟赫定做回生意，卖他们几头牛。并喝喝酒，听听音乐，一块儿走进《亚洲腹地探险八年》……

卷我屋上三重茅

杜甫老杜的诗，打小就啃了，囫囵半片，一知半解，硬背了十几首。斗转星移，随着酒水淋漓，大多都流向远方了。

眼下，闭目苦思，也只记得老杜出峡后的几句诗联，如："天意高难问，人情老易悲。""苦摇求食尾，常曝报恩腮。""万象皆春色，孤槎自客星。""发齿已自料，意深苦陈词。""北归冲风雪，谁悯敝貂裘"……为啥能记住呢？主要是其意甚惨，其鸣也哀，几乎一路哭来，走完了衰病垂老之年，叫人难忘。

牛倌的孩子，上了大学，课本都不要了。他扛到牛棚，撕了，点蒿子熏蚊子用。我翻到一本语文书，里面有一首老杜的诗，叫《茅屋为秋风所破歌》。我在高中当老师时，教过，曾逼学生倒着背诵来着，弟子们满堂喊苦，印象忒深。

坐在槽头，喝着啤酒，闲情细读，真品出些别意来。此诗是转韵的七古，全诗运用声调，妙处连连。"八月秋高风怒号，卷我屋上三重茅。茅飞渡江洒江郊，高者挂罥长林梢，下者飘转沉塘坳。"这前五句，是第一小段，押平声三肴韵，句句押韵，第三句单插入，是为了突出"茅"的去向。此段具有音乐性，抑扬顿挫，读出骤雨疾风之势。要是这一小段不押三肴韵，而押四支韵；不句句押韵，而按一般诗歌常法，只在对句押韵；或不用三平脚（五句中有三句三平脚），则必将变成另一番景色了。

上面这段，说得太生涩，太拗口了，写得也太费劲儿。

可这是学问，还得作下去。

“卷我屋上三重茅”，是诗中切题的句子，只要闭上眼睛，那惨景定会历历在目。诗人见物生情，愁肠百结，其心之苦、之绝、之凄，远非今人所能尽然理解。

记得，郭沫若郭老，却在《李白与杜甫》一书中认为：三重茅的茅草屋，好，冬暖夏凉，比瓦房还要讲究。老杜却不知足，怨天尤人，这说明他阶级立场、阶级感情存在问题。郭老还根据这句诗，给老杜划了成分，是地主。因为贫苦人家只有一重茅草，或者压根儿没有；老杜有三重，不是地主是啥呢？这种批判方法，叫人心惊，纯属“文革”作派。

我们要知道，老杜为啥用“三重茅”，主要是三平脚之故。因为数字中，从一到十，只有“三”字是平声。假如把这句诗，改为卷我屋上“四重茅”或“五重茅”，茅虽增加了，诗句的音响却塌了哑了。

“白发三千丈”夸张，是诗的语言，为什么不说白发“二千丈”或“四千丈”呢？这些常识，作为大文豪大诗人的郭老，当年肯定是懂的。毛主席曾说杜甫的诗，是政治诗，郭老的也是。他为啥向老杜发难呢？翻翻其后期的大作，就不难理解了。

郭老后期的诗词，常头版头条，醒目张扬，世人却不敢恭敬，读了闹心，比宿醉还厉害。如：“全国学大寨，大寨学全国。人是千里人，乐以天下乐。狼窝变良田，凶年夺大熟……”

如今，日子新了，房上早不苫茅草，连牛棚都顶上了彩钢瓦。风声雨声雪落声，声声入耳；牛在圈里一片欢歌笑语。

我想，哪天酒高了，一路扶摇，拉老杜来牛棚瞅瞅，亦哭，亦歌……

枕头

午觉醒来，抻了抻胳膊腿，溜达到牛棚。靠东山墙的槽头，空着，搁了本书，是人文版的《红楼梦》中册。一只灰耗子，正枕着它睡。

我们院儿的耗子，肥，成天吃苞米粒，嘴都刁了，大多半尺来长。听见我的脚步声，它一轱辘爬起来，蹦下槽头，摇头晃腚地跑了。

耗子也喜欢书？我觉得好玩，乐呵呵地坐下，看书。平日里，不敢多读《红楼梦》，读了《红楼梦》，更觉自个儿那点水平浅，贪多嚼不烂。

翻到第六十三回，写宝玉过生日，白天酒没喝透，掌灯时分，“忙着卸妆宽衣”，又接上溜儿了。“宝玉只穿着大红面纱小袄子，下面绿绫弹墨袷裤，散着裤脚，倚着一个各色玫瑰芍药花瓣装的玉色夹纱新枕头，和芳官两个先划拳。”

我爱瞎捉摸，这宝二爷个性，一个半大小子，却总不长进，老爹的话当耳旁风，功名经济的梦从不做，原来有个花瓣瓤子的枕头，面儿还是玉色夹纱的，素淡。他倚着它，枕着它，陪着一帮女孩子家混，还时不时地调个胭脂，点瓶香水啥的。

花瓣瓤子的枕头，我从未见过，眼界窄。

在乡下，没听说用这样枕头的，不是少花瓣瓤子，而是花多的是。常见的有喇叭花，学名牵牛花，板障子边，道两旁都种，年年花开。喇叭花分两种颜色：红的和蓝的。红的色儿纯，很浓，很淳朴，像玻璃杯中的葡萄酒。蓝的呢，深水一样的蓝，有些神秘，厚重，映人眼珠子瓦蓝。

还有倭瓜花。倭瓜花鹅黄盈盈的，娇嫩，个头大；但不能随意掐，分公花和母花。公花又叫谎花，专管授粉，人们掐了喂蝈蝈，没见着晾干了填枕头的。母花的花托粗，结瓜，金贵着呢，谁掐了它，是要挨骂的。此外，多见的还有九月菊、达子香、野杜鹃……

打记事起，我用过的枕头数不过来，形状颜色五花八门，可枕套单一，仅棉布和化纤两种。枕瓤子样数不少，有谷糠、麦麸、荞麦皮、棉花和太空棉等。听老人讲，我刚出生时，曾垫过小米子枕头，说实成，能把小孩脑袋睡正了，免得头偏后脑勺子大。当然，我也枕过姥姥和母亲的胳膊，那是一种别样的睡眠。

相传秦汉时期，文人们喜欢一种空心枕，里面可以藏书。要知道，那时的书是竹简，硌硌愣愣，纯属活受罪，即便梦见黄金屋颜如玉，我也不敢稀罕。到了唐宋朝，流行一种青瓷枕头，那个穷酸要命的卢生枕过，曾做了个金榜题名、飞黄腾达的大梦，挺招笑的。

我们屯子北头，住个老张头，常年睡块砖枕。砖枕一尺长，半尺宽，三寸厚，没见过枕套枕巾。它浸透了头油，黑渍渍亮锃锃的，瞅不出本色儿，蝇子落下也得打滑。那天，我俩儿喝酒，高了，不知啥时合了眼。醒来一看，我垫的正是那块砖枕，老张头枕的是窗沿子，还嗷嗷地打呼噜。我心里一阵热乎，咕咚咚灌了一大缸子凉水，半天没说出话来。

在牛场，我用的是荞麦皮枕头，一年一换，头一动，沙沙地响，伴人跌入梦乡。我宠的花牤蛋儿，抓空儿隔着窗台，伸长舌头，唰唰地舔我的枕头。它认识粮食的味道，想香香嘴，吓跑了枕边的耗子。我的枕边，常放一本书。这本书，没人时耗子也枕过，我不嫌乎。

再说宝二爷，人家用花瓣瓤子枕头，没啥不好，咱别膈应，也别说三道四。这枕头其实不赖，集天地之精华之灵秀，花香浸润，神会心通。枕了它，也许人世间多了一些清新，少了一些浊气。

绿蚁新醅酒

天傍擦黑，老兄顶小清雪，来牛场了。

早年，我俩儿在高中一块教过书，对面桌；又都是学中文的，不免穷酸，挺合脾气，人间向晚，故兄弟相称。我问："来两口儿呗？""行，来上两口儿，啤酒没啥意思，骚了吧唧，水了吧喳的，来就来点小烧。"

我俩儿直奔酒房，在溜儿上接了一舀子酒，正热乎。拿打火机一点，悠悠闪蓝火苗，朝着人直煽乎，够劲儿，起码60度。

老兄张罗："咱们到牛棚喝去，我打小搁屯下长大，好久没近乎牛了，在那喝有味儿，味上加趣，其乐融融。"牛棚有炉子，炉盖子撂了块砖，把酒舀子放上头，慢慢烫着，温酒论日月嘛。酒肴呢，备上了，共四碟：花生米，猪头肉，酸菜芯和冻萝卜片。后两样焯了，蘸尖椒鸡蛋酱吃，全接地气。酒杯是两个搪瓷缸子，掉了瓷，牛棚里不敢使玻璃傢物什儿。

老哥们喝酒，肝胆沉着，少了意气，一口口地呡。酒有精神气，是一把钥匙，能打开话匣子，虽不再是悬剑梦连营，但也愿呵气拭古镜。老兄问："白乐天的诗，还记得吗？"

"哪一首？"

"《问刘十九》。"

说罢，他摇头晃脑，边拿筷子敲桌沿子，边轻口诵出：

绿蚁新醅酒，红泥小火炉。
晚来天欲雪，能饮一杯无？

我眯着眼睛听，心里一阵滋润，一阵恍惚。忙应对道：“记得，记得。兄弟现虽一养牛之人，可诗中的妙处，仍然叫人神驰。杜甫曾在《对雪》中写到：‘无人竭浮蚁，有待至昏鸦’，抒发有酒无朋的慨叹。我在牛场，远离过往，深有同感，酒逢千杯知己少哇！”

老兄呡了一口酒，语气文绉绉的：“乐天此诗，堪称精品。四句实乃大白话，通俗平易，倒也凝重古朴，清新淡雅。可延续至今呐，‘绿蚁’这两个字，浑然叫人费解。”

“不就是绿色的酒花吗？”我随口回答。

他晃了晃酒缸子：“且算酒花吧，咋是绿色的呢？查查字典。”

“字典，我这儿有，太简略了，要《辞海》吗？”

“《辞海》？”老兄斜抹着眼珠子，瞅我。我忙搬出了《辞海·语言分册》，上下两本。他翻了翻：“呦，你可真有老箱底子，这书是77年版的，还标着‘内部发行’，好，算是个书虫子。”

俩人眼花，半天才翻到“绿”字。这一回，《辞海》没能帮上啥忙，“绿蚁”：指“酒面上的绿色泡沫，也作为酒的代称”。而且，还确实引用了白居易的这首诗。可酒也好，酒的泡沫也罢，为啥是绿的，却没有解释，教你去查另一个词条：“浮蚁”。再找“浮蚁”，又多出了一个词：“浮蛆”。浮蛆也指酒的沫子，就连欧阳修也用这个词写过诗：“楼头破鉴看将满，瓮面浮蛆泼已香。”然后，让你再参见“浮蚁”。

绕来绕去，迷糊了，我俩儿到底没弄明白：那酒的绿色，打哪儿而来。

老兄算一老学究，爱咬文嚼字。人有两面，因身出农家，黑土浸渍，他半文半白中，免不了东北腔。他还一根筋，曾跟我掰扯过神和仙的区别。酒盖了脸，老兄的拗劲也上来了，又问我："兄弟，还有，你先头说'绿蚁'是酒花，咋《辞海》上，确切是酒的泡沫呢?"

"老兄，我烧过多年的酒，海了，酒是蒸馏出来的，压根儿不飘沫子。就算有杂质，也都沉底了。"我心里盘算，我烧的酒，好！只有酒花，珍珠似的酒花，绝没有沫子。

"不对，人家白居易的酒，是刚酿出来的，没过滤。没过滤，能没有浮沫吗？"挚友累日，如同手足，难分伯仲。老兄他硬撑脖子，拔梗梗，我情愿跟他杠，杠出一种醺醺然的快意。当班的牛倌，凑到跟前，像是也喝了，从脸红到手，串了皮。他不见外："你俩眼镜儿，搂着书，玄乎乎的，戗戗啥呢？"

我俩儿不在意，长话短说，问他：酒咋是绿的?

牛倌乐呵呵的，一扬脖，把酒舀子底儿掴了，一抹嘴："甭扯闲犊子了，俺们哥们酒喝透了，准上茬儿。就相互劝，可快别嘚瑟了，着家去吧，瞅瞅你眼神都绿了。要是眼神都绿了，瞅啥不都绿了，绿汪汪的一片……"

炉火正暖，牛儿呼噜正香。听罢，我跟老兄一下子畅快了，把两本《辞海•语言分册》，各自垫在屁股底下，咣当一磕缸子，把酒底子干了。

哈哈，不差啥了。

鸡口牛后

一天，在牛棚翻老书，发现“鸡卜”二字眼生，就搬出《辞海》来查。鸡卜，乃古代占卜法之一。“鸡卜法，用鸡一狗一，生，祝愿讫，即杀鸡狗，煮熟又祭，独取鸡两眼，骨上自有孔裂，似人物形则吉，不足则凶。”

工具书既然翻开，不免多扫了几眼，看见一辞条，叫“鸡口牛后”。我跟牛打交道多，对带“牛”的字眼亲近。“鸡口牛后”，是先秦前的民谚，韩惠王要屈尊事秦，苏秦为说服他，就曾引用过：“臣闻鄙语曰：‘宁为鸡口，无为牛后。’今大王西面交臂而臣事秦，何以异于牛后乎？”（《国策•韩策》）而且，在《史记·正义》中注释说：“鸡口虽小，乃进食；牛后虽大，乃出粪。”褒“鸡口”而贬“牛后”也。

从字面上讲，“鸡口”，好理解；“牛后”呢，到底是啥？牛屁股，牛尾巴，还是……不好细说明说，反正好多人不喜欢，谁愿甘居牛后，从属他人。

东汉的赵温，字子柔，却不柔顺，不满足仅作一京兆丞，弃官而去时，丢下一句话：“大丈夫宁为鸡口，无为牛后；士君子岂甘雌伏，定要雄飞。”后来，谁知他咋走鸿运，官拜司徒，位居三公，自个儿能主事了。怪不得，元稹在《酬翰林白学士代书一百韵》中叹道：“那能作牛后，更拟助洪基。”

“鸡口牛后”，对于这个说法，我有个人的思想。世事难料，人活着不易，在社会上处于啥位置，前后上下，并非谁能一下子决定。现实，是一回事儿；心态，是另一回事儿。

早在1948年，郭沫若遭国民党迫害了，跑到香港。一次，他和茅盾等人聚会，谈到了鲁迅先生的名句："俯首甘为孺子牛。"郭老说："鲁迅愿作一头为人民服务的'牛'，我呢？我愿意作这头牛的'尾巴'，为人民服务的'尾巴'。"茅盾老笑了笑："那我就作'牛尾巴'上的'毛'吧，它可以帮助牛把吸血的'大头苍蝇'和'蚊子'扫掉。"

有朋友来牛场，追着我问：你以前混得自在，眼下一手牛粪，能过意得去吗？我没吱声，报之一笑。人们以为，养牛是粗活，实际上精细着呢。牛的吃喝拉撒睡病，绝不可含糊，牛前牛后地忙乎，牛后头的事更操心。且不提清粪、消毒、打针什么的，单说量体温吧，用宋丹丹的话说："拢共分三步。"

第一步：你得先做好准备，找一根尺把长的细绳，一头系在小铁夹子上，另一头拿胶布缠在体温计，也就是玻璃棒的顶端，用手抻一抻，一定要结实。

第二步：你拽直牛尾巴，要闪开身，别叫牛打旁踹；然后，往体温计的钢皮尖上，吐几口唾沫，让它滑溜；接着，你一点一点地将它插进牛肛门，手劲万不可太重；最后，把小铁夹子掐在牛尾巴根的毛绺上，固定住，别叫体温计掉下来。

第三步：等个六七分钟左右，你把体温计拔出来。要是身旁的东西凑手，比如旧抹布、废纸片、苞米皮子啥的，你就轻轻擦一下。没有，那只好拿手指肚撸一撸，搁在眼面前瞅，瞅准玻璃棒里红线的长短。

给牛量体温，不能嫌埋汰，更不能性子急。体温计插好后，你得搁一旁守着，牛不听话，它想拉屎就拉屎，体温计时常给带出来。这功夫，你要是打了它，牛就会犯犟，绝不会叫你再靠前儿。

虽说给牛量体温，是我较拿手的活儿，可在牛屁股后忙活，也有倒霉的时候。有一回，刚插好体温计，只听牛肚子咕噜咕噜响，肚皮跟爬了一层虫子一样，直抽抽儿。没等我错开步，一股粪水子哗地喷出来，糊了我一脸一身，眼镜片也蒙上了，啥也看不清。恶臭恶腥的味儿，塞满了整个牛棚，把嗡嗡的绿头蝇子，熏得没了动静。在牛后头的时候多了，便习以为常，并不觉得脏、闹心或低人一等。

我这儿说的“牛后”，或许跟《辞海》里的“鸡口牛后”沾不上边，有“望文生义”之嫌，属生拉硬扯。人家讲的“牛后”，指的是地位、身份，人人会掂量计较的。但在活生生的牛身边，我甘愿处其后，伺候它们。

西梅内斯的天使

在牛棚常翻的书中，有一本《小银和我》，散文诗集，初版于 1914 年。作者是西班牙人胡安·拉蒙·西梅内斯，大腕儿，曾获过诺贝尔文学奖。

我手头的这本，1984 年面世，人民文学出版社出版，内有插图，定价为 0.87 元。译者为西班牙人，著名翻译家——达西安娜·菲萨克。他们同在一个国家，相信译文能贴近原作的本意，但语言有点硬涩，略滞诗意的流畅。此外，还存一本旧杂志，选登了《小银和我》的十几个章节，黎琨译的，文字优美自然些，有散文诗的韵味。

小银是一头可爱的小毛驴，它有银白色的皮毛，所以叫“小银”：

> 小银是那么娇小、温顺，毛茸茸的；外表那么柔软，仿佛浑身都是棉花做成，没有一点骨头。只有一双黑玉那样发亮的眼睛是坚硬的，好像一对黑水晶的甲虫。
>
> 我把它放开，它就跑上草地，用它的嘴轻轻地，几乎是擦过似的，抚爱着玫瑰色的、天蓝色的、金黄色的小小花朵……我柔声地唤它：‘小银！’它就欢愉地小步向我跑来，仿佛它是在以一种不知什么难以想象的银铃的声音在欢笑……

这是一头小毛驴吗？简直是天使。在诗人执着的眼神里，美与善良，便是天使的一双翅膀。

西梅内斯为天使般的小银，写了138首诗，集成了《小银和我》。我看了多遍，我得承认这是一本不会消失的书。不是因为它有什么惊心动魄的思想，也不是啥耸人听闻的故事，更不是令人沉迷炫目的才华。它的不可磨灭，是作者透过文字，欢乐着小银的欢乐，忧伤着小银的忧伤。每一首诗都饱含泪水，每一首诗又都饱含微笑。这样美丽深婉的低音变奏，谁又能忘记呢？

西梅内斯年轻的时候，患有严重的神经官能症，忧郁，焦虑。孤独的诗人回到了家乡，诗人的孤独需要慰藉。于是，小银来了："它温柔而且娇惯，跟一个孩子，一个小姑娘一样……然而它也强壮而且坚定，好像岩石。"这样，诗人和一头银白色的小毛驴，相依相伴，在西班牙南方的田野里行走着，行走在开满喇叭花的草地上，行走在结满无花果的树林里。在黄昏的虫鸣中，在乡村教堂的晚钟声中，他们如同亲兄弟，出现在小酒店的门口。

有了小银，有了质朴的生活，有了大自然的美丽，一个孤独的诗人，结茧的心软化了，宁静了，西梅内斯开始给小银写诗。诗中的银白色的小毛驴，成了"一只白色的小蝴蝶，连续不停地飞来飞去，像是一个灵魂，轻轻地吻着一朵朵的百合花……"

花儿再娇美，也有枯萎的时候。银白色的小毛驴，却走进了"毕涅的菜园子里"。那儿新修了一座坟，"山雀在坟上面的翠绿穹顶上唱歌……带点儿花腔，带点儿笑意……"诗人活着，小毛驴死了。西梅内斯甚至说："等一会儿，小银，我来和你死在一起。我没有生活过。什么也没有发生过，和我在一起……"

诗人重新回到了孤独。

我年轻过，也曾写过一些分行的句子，总想对谁说点什么，现在翻出来，不忍卒读。记得刚到牛场，远离亲朋，心里空落落的。恰巧，一头小牛犊下生了，我帮着忙活。也许是第一眼瞅到了我，就认准了，它跟我近乎。

小牛犊属“夏洛来”品系，外国的种儿，人拿冻精坐的胎。它身腰方正，浑身乳白色，昵称“白牤蛋儿”，我把它看成一朵花。依仗人宠着，白牤蛋儿可淘出了“花儿”，给苞米袋子掏窟窿，搁酒糟堆上翻跟头，在酒房的蒸锅旁放尿水子，想作啥妖就作啥妖。但肉牛棚它不去，那帮肥头大耳的哥们不好惹，哪怕亮亮嗓子，也会叫它腿打飘儿。

那天，我打城里回牛场，刚一进院，白牤蛋儿就迎了过来。它晃动着秃脑壳，来回蹭我的小腿肚子。还拿潮乎乎的小鼻孔，噗噗地闻我的脚面子，好像在分辨这些日子，我上哪儿去了，是多了啥味道，还是少了啥味道。接着，它歪着头，用一只眼珠子，直勾勾的，盯着我的鞋子瞅，一副捉摸得很费劲的小样儿。

我乐了。我才从家里回来，得换一双像样的鞋。平日在牛场穿的黄胶鞋，又酸又臭又破，咋能踩在城市的路面上。城市的路面铺彩砖，行走着形形色色的脚。这些白牤蛋儿不懂，不懂也好，因为它是一头乡下的牛，还是个小牛犊子。我抱起白牤蛋儿的小脑瓜，把它搂在怀里。它的小嘴粉嫩的，像两片会颤儿的花瓣，把下牙映成了玉石色；在棉花般的脑门上，有一绺绒毛，调皮地打着旋儿；而那两只小耳朵，绸缎似的柔软，捋一捋滑溜极了。

怀里的白牤蛋儿，拿秃头揉我的胸脯，水灵灵地哞儿了一声。这动静，奶声奶气儿，变成一汪清水，注满了我的全身。我一下子软了筋骨，屏了呼吸，心也没了边沿儿，只觉得天上地上，清清爽爽，就剩了我们俩儿。就算所有的人都离开了我，而这一会儿，有这么个小家伙需要我，依恋我，这就够了，这就是缘份，就是福份。我把这些写进了日记，如果将来文笔成熟了，就为它写首诗。

转眼白牤蛋儿大了，再这么叫它，显然没把人家放在眼里。我改口了，叫白牤子。牛倌说我偏心眼，我给它加精料，喝啤酒，洗凉水澡……我还让它靠边住，免得旁的牛挤着，憋屈得睡不好觉。

杀茬子老杨，相中了它，出了个好价钱。宰牛人家的车，有股邪味儿。前蹄夹刚一碰后车沿子，白牤子立马觉警儿了。它精明，打这“奈何桥”上头掉腚就蹿，可牛棚的门早关严了。

白牤子发了疯，踢飞了草尖上打蔫的蚂蚱，踹死了草根下装睡的癞蛤蟆。看见我，它打愣了。它眼巴巴地瞅着我，瞅着我给它挠痒痒，给它顺溜毛的手。它眼巴巴地瞅着我，它用血红血红的眼睛，剜开我的胸膛……

我扛不住了，脸成了牛肝色，转身就走。

白牤子它哞儿地干嚎一声，屁股一旋儿，奔着我就扑了过来。那架势，恨不得把我顶成筛子，撞成饼子，踩成肉泥。它要向我讨个说法——我骑它去过酒馆，逛过牛集……

人比牛机灵。我猛跑了两步，就一个急转弯；再猛跑两步，又一个急转弯，贴着墙根躲进料房子里。翻了脸的白牤子，撵不上，进不去，气得咣咣直撞墙。墙垛子厚，它硬是红了眼，左撞右撞，踢翻了靠墙根的大铁锅。

拌料用的大铁锅，足有上百仞，叫牛踢得东歪西栽，转着圈晃悠。刀刃样的锅沿儿，连刮带割，把白牤子的四条腿，拉开了一道道口子。这口子，有的粉皮红肉翻卷着，有的露出了白花花的骨头棒，看得人发瘆，腿没跟儿。

玩开命的白牤子，满院子蹿腾，身后洒下一串血点子，像开了一溜红鲜鲜的小花瓣。末了，它陷进了稀暄的粪堆里……

话扯远了，回头再说《小银和我》。

一头银白色的小毛驴，欢叫着向我跑来。它的身后，跟着一头乳白色的小牤蛋儿，它们“嘚嘚嘚”，“嘚嘚嘚”，清脆的蹄声敲打着我的心底。西梅内斯伸出手，长者般拍打着我的肩膀，深沉地吟诵着诗人的绝唱。

我脸红了，心里一阵阵发虚……

又认识了几个字

读中学时，正赶上“文革”，学校不上课，闹吵着学工学农，我连根铅笔都没有，书包比脸都干净。老爹说，没事就翻翻字典吧，翻着翻着，竟成了习性。

牛棚里，常年放着本字典，全名叫《现代汉语词典》，中科院语言研究所编，商务印书馆出版，1983 年印的。这本字典旧了，换好几次书皮，牛舔过，耗子也啃过，快让我翻散页了。

我翻字典，没目的。乱翻，就是乱翻，胡乱翻，抓住哪个字就是哪个字，跟着就瞎捉摸。捉摸出“道道”了，就傻笑，牛们愣眉愣眼瞅着我，不吭声，也不拍巴掌。我不理它们，我自个儿觉得有趣，那就先说说这个“趣”字。

其实，“趣”字是由“走”与“取”并成，说明情趣，是靠着行走来获取的。老秋，牛倌们回家收地了，我放牛。清早，地里的苞米秸子站杆儿，风一吹，唰唰地响，惹得牛们一溜烟地奔。我跟在后面，一阵小跑，上气不接下气。背包里的水瓶子一路咣当，清脆地叫，像是背一条河流在身上，听着有趣。

该回圈了，我走在头里，牛们跟着，肚子滚圆，尾巴还一甩一甩的，像摇根鞭子。这时候，我感觉自个儿像是被牛放的，直纳闷：到底是我放牛，还是牛放我，说不清的一笔糊涂账，趣从心来。

放牛，天天看到的景物都不一样。一天，一头黑猪跟着一头黑牛走，一只黑鸡又尾随了那头黑猪走。可乐的是，有一只老鸹站在猪脊梁上，尿性性的，四处瞅。

提到放牛，我特别得意一个“牧”字，朋友们喝散神了，封我为“牧民”。“牧”字在甲骨上的形状，像人拿树枝赶牛的样子。我放牛，不使树枝子，也不动鞭子，对它们不必装老大。有时急眼了，就举起巴掌拍一下牛脖子。牛扭头，卷出舌头，扯扯我的袖口，黏黏乎乎的，一副听话撒娇的模样。我放的牛多，还从不用鞭子、棍子，独行天下，笑傲江湖，怎一个“牧”字了得。

在乌泱的汉字中，我感慨较深的，要数一个“牵”字。“牵”字平常，其沿革不必说了，那是大学问；单提它的独有意境，就够抓人的了。

小前儿，由父母牵着；大了，牵爱人、孩子和老人的手……于是，也就牵引出了“牵挂”。牵挂是心里滴出的血，是美丽的故事，是不了的情。

“牵”字有意思，构件里有个“牛”字，自从跟牛结缘后，这个“牵”字对于我，就有了特殊的意义。我打小把它们养大，从一根刺堆成一座山。牛们熟悉我，信任我，依仗我。

有时，牛贩子来了，牛们七拧八挣，死活不跟着上车，后小腿都被锹砍出了口子。我上场了。我倒背手，牵根缰绳，牛们颠颠地陪着。它们认死理，以为又要跟着我，去一个好的地方。全都咧着嘴笑，尾巴摇成了扇子面，欢欢实实的。牛们打心眼里不知道，人已出卖了它们，它们没翻过字典，不认识“背叛”这个词。要是牛们会数钱，就会乐呵呵的，争着帮我数钱。

有时候，我离开牛场，心里顿觉空落落的。看书，看着看着，一抬头，瞅见了窗外的云彩是牛，正贴着天边溜达。

三更了，正悠着梦，悠着悠着，当面撞上了一头牛，牛吓了一跳；我也是，半天缓不过神来。

刚一回牛场，我像叫谁牵着似的，立马往牛棚跑。牛们看见了，嗖地上了槽头，伸出舌头，舔我的手，舔得心尖子直痒痒，肚肠子安稳了。还有的牛，盯着我出门换的皮鞋，不错眼地瞅。我明白，牛们也惦记我，我是它们牵挂的人，我是幸福的人。

牛们牵挂我，也可能跟吃有关系，它们活的奔头是啥呢？这就想起了"饭"字。老祖宗的造字方法，妙也绝。你看"饭"字，由"食"和"反"组成。从我个人的角度解释，没有"食"要"反"，人如此，牛也如此。

一天，铡草机坏了，耽搁了拌料的时间。到点了得吃，牛不干了，哞哞地往死了嚎，惊天动地。棚梁上窝里的小燕子，舞舞扎扎，吓得掉到地上，乍开膀子哭。淘气的牛们，蹿上槽床子，又拉又尿，造得满槽子粪水子，人还得收拾，又误了功夫。牛闹腾的动静，扎肺管子。咋办？没法子。食为天，牛饿了，得吃；没吃的，就反，就挣命。

养牛，让我离不开它们，想撇都撇不了。乡亲们说：我跟牛"摽"上了。

"摽"字，字典上注明：捆绑物体使其相连接；亲近，依附。其中，提到"依附"时，还加了个括号，标明："多含贬义"。我读了不舒服，"贬义"是什么？是"字句里含有的不赞成或坏的意思"。按我的理解，难道跟牛摽到一块儿，是件不好的事儿?

我养牛，就得替它们着想。饿了，喂；冷了，保温；病了，抓紧治。就说牛病了吧，得给它们打针。可牛顶厌恶人往其身后凑，担心干些背着它的事儿。

牛还和小孩子一个样，怕打针。打针时，你得把针管藏在袖口里，大大方方的，走到它身后，猛地扎在它屁股上，一点也不能手软。

牛疼得一蹿达，后胯左右打着旋儿，你不能撒手，得跟住它的脚步。这功夫的牛，尾巴梢子长了眼睛，专朝屁股上的针管抽，甩得人一脸一身粪水点子。多少回，我的眼镜片叫粪水模糊了，可又没空擦。拔下针头后，我还需提溜胆子，斜歪身子，伸出手指头摁住针眼，免得牛屁股上的活肉，把药水挤出来，白瞎了。

时常到午休了，牛儿们有的睡觉，有的倒嚼，有的朝我转眼珠子。我陪着它们，坐在槽头上，抽烟，喝啤酒，翻翻书。我一天中最愉快的时光，就这样静静地，静静地从我和牛们的身边淌走。还是该感谢老祖宗传下的文字，一个“摽”字，有动感，钻子一样，不仅入木三分，还铆进我的心底。而且，“摽”字比“腻”字强，腻字给人一种油乎乎、贱兮兮的感觉，我乐意跟牛们摽在一块儿。

下面，咱说一个吉利的字，叫“福”。“福”字的含义，谁都心明镜似的，眼巴巴的，从落地就盼望。过小年了，心气旺，牛倌在牛棚的门上，贴了两个大红的“福”字。我想拦，一寻思，算了。这门帖是剪纸的，大窟窿小眼子。福字在当间，两边各是条鱼，像是鲤鱼，全朝外弓着身子，头顶一扁圆的灯笼。鱼尾巴还连着一朵荷花，红得透亮，瞅着喜庆。

我养的牛有福吗？现如今，牛们确实享了清福，整天呆在圈里，啥也不干，吃了睡，睡了吃，过着祖辈不敢想的日子，这就不禁引出了另一个字：“过”。繁体的“過”，我认识，写起来费点劲儿，而简化字的“过”，非常令人佩服，是说时间一寸一寸地“走”，多好。可在我的过眼过手过心下，牛们过着叫人掰着手指头，掐算着长肥圆膘的日子。它们的命就铁定了，成了牛场里的庄稼，一茬茬来，一茬茬走，一转身变成一堆乱糟糟的皮肉骨头。这日子，算是过得有“福”吗？牛要是认识“过”字，保准会把人给好好地过滤一下。

没几天，牛棚门上的“福”字飞边了，在北风中嘚哒，我一来气，扯了下来，团巴团巴扔了。看院子的大黑，忙叼起来，跑回了狗窝。

最让我燥心的是，有的人家，在牛圈的柱子上，贴了个“寿”字。瞅着特扎眼，也招笑，眼下的牛，能跟“寿”沾上边吗？

牛棚里翻字典，东一下西一下，有点不着调。汉字到今天，经历多年，算是个慢性子，生了老茧。我的性子也得改改，慢下来，一个字一个字地剥嚼，细吞慢咽。昔人学问无遗力，少壮功夫老始成。

低首花木丛中

这几年，牛棚乱翻书，多读得泛，读得毛草，不免有浮光掠影囫囵吞枣之弊。于是，就发愿要偷一段闲辰，静下心来，细品一本书，就找出了周瘦鹃的《花木丛中》。

手头的这本书，是《金陵书画社》版的，1981 年发行。作者生前旧交张辛稼、费新我等名家，均插图题签，附丽集中，故更值得看重。这本书，我多年前读过，印象已淡漠。而此时，倚靠槽头，风声雨声牛叫声难以入耳，一路读下去，不禁陡生嗟叹：花木丛中笑，识君恨晚矣。

周瘦鹃先生，早在上世纪二三十年代，即蜚声海上文坛，属“蝴蝶鸳鸯派”，是其代表人物之一，也是著名的翻译家。“九一八”后，感慨国事日非，便投笔毁砚，凑多年卖文余蓄，回老家苏州，置建了“紫罗兰庵”。又广蓄古今书画文玩，手植花木水石盆景，终年陶醉其中，作起了“灌园翁”。

《花木丛中》，成书于上世纪中期，他在《花经》序中说：“几视园艺为专务，浸至屏绝交游，厌弃人事。”“朝夕搬运灌溉，列为日课。”古往今来，士人若愤世嫉俗，且不肯弯腰于权贵，似乎多选退隐这条路。退隐之后干什么？情寄山水，意寓花木。李白说孟浩然：“红颜弃轩冕，白首卧松云。醉月频中圣，迷花不事君。高山安可仰，徒此挹清芬。”道出了古代隐者的风貌。隐者们代代相承，形成了士阶层独特的文化积淀。或者说，养成了士阶层恋山恋水恋花恋木的情结。

古时隐者恋花，往往独嗜一物，如陶渊明爱菊，林和靖喜梅，周敦颐宠莲……独嗜一花，而不泛及其它，也许为专一不贰的表现，象征自己独具的气节傲骨。同时，又以花自喻，比如菊为隐逸，梅乃高洁，莲亦君子等等，借此展示情怀。而周瘦鹃先生呢，他也情有独钟，最爱紫罗兰。紫罗兰，叶圆而尖，极像一颗心。据说曾有伊人，生得好，又善昆曲，姓周，英文名曰“紫罗兰”。生死离别后，时时神牵梦绕，便移情此花，一生低首紫罗兰。所以，“来去来去，魂殢紫兰香处。”周瘦鹃先生曾有词《花非花》云：“花非花，雾非雾。去莫留，留难住。当年沉醉紫兰宫，此日低徊杨柳渡。”

然而，除紫罗兰之外，他莳养的花木亦很多。在《花木丛中》里，被其提到的，足有五六十种。他的女儿周全，曾这样评价：“但说实在的，在我印象中，父亲与其说是个作家，不如说是个种花人，我是种花人的女儿。”“种花人，是父亲这么称呼他自己的。”

读古代隐者的东西，时常有一种重负感，这大约与他们隐而不隐，或人隐而心不隐有关。人尽管身处山林清幽间，心却在车马通衢处，还时时在诗文中“怒发冲冠”，孤傲得要命。周瘦鹃先生的书不一样，他“人隐心亦隐”，告别文坛，便一心一意当种花人。即使写咏花小品，也以园艺家眼光着笔，展现花趣、花情、花事，淡然而清新。作者爱自然的心，跟爱生活的态度贯通一致，因而就有了花朵一样的文字。我倒是喜欢这样的文字，读起来，心中也开放起了一朵朵的花。生活已经够累的了，要是读书添累，那该多没趣呵。

除了手中的《花木丛中》，我还读过周先生的另一本书，叫《拈花集》。这是他的自选集，初版于 1962 年，1983 年再版。书中写的是建国后的感怀，虽多描绘花木盆景，但也涉及时事，心情畅然。如《初识人间浩荡春》《我的心被拴住在怀仁堂》《反闲篇》等，格调有所变化。此书由田汉题诗序，其中一绝是：“风雨鸡鸣忧昨日，曾将雄叫比啼鹃。啼鹃今日何尝瘦，新得拈花数十篇。”如今读来，别是一番滋味。

“文革”中，周瘦鹃先生难逃厄运：紫兰庭院，夷为荒墟；诗文书画，流离散失。于是，先生他投井罹难，乘废园余香，随昔日丽影而去。可见可叹，他孤芳自赏，只向花木低首，绝不顺之于暴虐。这样的死法，至少令飘逝的灵魂，得以瞬间的快意和清凉，还一个士人隐者的本来面目。

置身牛事。牛棚乱翻书，我还是珍惜手头的——《花木丛中》。读之，轻松恬适，反观作者人生之途，又不免心情沉重。唉，真要全然轻松恬适，实属不易。

史铁生抱过牛犊子

一晃儿，几十年间，不知不觉，积下好几摞子《散文选刊》。太杂乱了，清理清理，翻到2001年的第二期，封二是“作家珍存”专栏，左上方登了一张黑白照片。照片中的年轻人，头扎白毛巾，身穿补丁衣裤，站得溜直，乐呵呵地抱着头牛犊子。他叫史铁生。

照片的下方，有一段文字，标题为《一个人和一头牛》，约四五百字，史铁生写的。他写道：

> 照片中的这只牛出生于1971年春天，现在不可能还活着。牛一般活不过20岁。这只牛生在陕北最艰苦的年代，肯定要命短。牛的童年只历三个寒暑，是其最不如人的地方。84年我回清平湾时，顺便去找过它，知道它应该已经老了，唯望它还活着……我在它出生后不久离开陕北，那年正是20岁，现在还活着，就是照片中的这个人。

“照片中的这个人”，离开我们也好多年了，他美滋滋地抱着牛犊子，很专业的样子，只能永远留在照片里了。史铁生的作品，我读过一些，多是谈病、谈生、谈死的，掩卷后心情不咋好。他的《我的遥远的清平湾》，今天还有印象，像契科夫的《草原》那样，清新，抒情，弥漫着黄土高原山沟沟里的地气。作为文学名家，他在纷繁的世间，仍然用平实的文字，在乎一头牛犊子；并怀念它，找寻它，说明跟牛有缘分，这让我更加敬重。我们虽未谋面，我却用心灵感受到了他的存在。

“这是哪家的牛犊子？”在乡下呆长了，时常会听到这样的话头，就像在打听谁家的小小子和小闺女。同时，也免不了多估量几眼，夸夸膘色，品品身腰，稀罕成了自个儿家的孩子。

一没留神，牛市的行情变了。价儿见天长，小牤牛金贵了，我们牛场只好育肥乳（母）牛。一头乳牛早揣了犊儿，足月，下了个小牤蛋儿。小牤蛋儿属“夏洛来”，毛一干爽，便白成了一团雪一堆棉，白得毛梢上闪着一股圣洁的光。它的眼皮子、鼻头子、嘴巴子粉红粉红的，粉嫩得透亮，像是雪地上开的杏花瓣。

兴许是刚吃饱奶，小牤蛋儿有了底气，抖索着细腿，开始一栽一歪地学着迈步。它还走不稳当，会跳，是那种双腿一块蹽儿的跳。树下拴着一只奶山羊，正眯缝眼倒嚼。见小牤蛋儿凑过来，便拿犄角迎。我忙把它抱起来，它梗着小脑袋，一个劲地朝前抢。

我喝高了，就想去抱小牤蛋儿。它不让，嫌乎我身上有酒味，撒腿就跑。一边跑，一边回头，朝我吐舌头，噤鼻子，耍鬼脸。第二天早上，小牤蛋儿找我，叼来根花花绿绿的公鸡翎；晌午头，又拽来棵半人高的青苞米秧；天快擦黑了，又送来一个纯净水瓶子。我把瓶子灌上水，给它喝。牛笨，只好咬住瓶子口儿，拿嘴巴子举着，仰着颏朝里咽，沥沥拉拉，弄得满脸水溜子。喝完水，小牤蛋儿用舌头拽我的衣襟，让我抱。

叫人抱着，它也不老实，歪着头，想舔我的眼镜。牛倌说："这小牛犊子，将来保证有文化，要不咋总够你的镜片子。"有时，抱着它，它脖子向上扬着，前腿向上抓挠，身子也往起挣。看样子，它把我当成了阶梯，想要上天，在天空中奔跑。我拍拍小牤蛋儿，告诉它："别的，你没长翅膀。"

再说上述的那张照片中，史铁生抱着牛犊子，像没费多大劲儿。牛犊子是啥品种，看不清，那时还没有改良牛。眼下的牛，都串了秧儿，延续到了七八代，一落地就有五六十斤，没过个把月，就抱不动了。

对自个儿抱过的牛犊子，史铁生惦记，回到插队的地方找过它："但在老牛的行列里，我已不能辨认出它，它的样子想必变得非常厉害，它落生时又没有什么胎记。我向乡亲们说明了它早年的身世，得到回答是：牛的身世都是一样。"史铁生见过的牛，要是没啥特殊情况，大都能活到老年，赚一身汗水盐花子。如今的牛不行了，牤子顶多活两三个年头，有吃有喝，风遮雨挡，舒服滋润。

没到几个月，我喜欢的小牤蛋儿出息了，滚瓜溜圆；身上罩着的白缎子，嫩嫩滑滑，跟水发的一样，俗称"奶光子"，人早就抱不动它了。养牛的人知道，牤蛋儿们都是蒲公英的种子，家里留不下，自个儿育肥又不落忍，牛贩子圈拢我把小牤蛋儿卖了。不舍得也没法子，它懂事了，爬胯，闹圈，又不能当宠物养。

沟里的一家散养户，相中了它，买了回去，准备当种牛使。我为小牤蛋儿高兴，它能多活几年，上山淌河，妻妾成群，成为乳牛们的"王"。可没等几天，心里空落落的，牵挂得邪乎，便打电话问。那家人说："没啥事儿，不吃不喝，圈几天就好了，到时候再撒出去。"

我赶紧坐车去了。一进牛棚，小牤蛋儿腾地打地上爬起来，浑身魂儿画儿的，腰围子瘪了，耳边子干巴了，不成个牛样子。它瞅着我，眼睛瞪得核桃个儿大，泪珠子似石头缝冒出的泉水，哗哗地淌，淌得人心里流成了河。我抱住它的脑瓜，它使劲往我怀里拱，眼泪一把，鼻涕一把，洇湿了我的前大襟。我拎来一桶水，放在小牤蛋儿嘴边。它忙滋滋地喝，尾巴欢欢地摇，眼珠子像乐开的两朵花。

牛主人说："瞅瞅，这牛叫你惯的，克难它几天，顺过架儿就好了。"我心里明镜似的，日子长着了，小牤蛋儿的性子得改，牛得认命。

过了两年，沟里的牛主人来了，车上装着三个牤牛犊儿。它们仨儿，一色儿白茸茸的胎毛，一样儿长扁担身架，一水儿光秃秃脑瓜盖，冷丁一瞅，像一个模子拓出来的。它们不认生，个个伸出粉舌头，争抢着舔我的手心；还用小秃头顶，来回朝我的怀里蹭，当年小牤蛋儿的味道全出来了。

史铁生在他的照片附言中，深情地写怀里的牛犊子："我很后悔当年没给它起个名字，以致它一生都只叫作牛。它是一只母牛，应该生养下很多子孙了，我便又在'牛不老'（陕北方言：牛犊）群里找它的影子。果然有几只很像它，毛色和体型都很像，活泼，温顺，眼睛里注满我所熟悉的稚气和惊惧。它们愿意用湿润的鼻尖碰碰我的手，表明我的记忆不是幻觉。"他说得好，太对我心思了，当年小牤蛋儿的后代们，跟我也认亲。

史铁生走远了，照片中的笑容灿烂依旧，其人其作其存照，都是珍贵的精神标本。他是一个灵魂诚实的人，是一个涤净了浮华和尘埃的人，是一个和宇宙，和自己，和一切生灵都有着充分对话的人。

想起了柳青

闲来翻旧杂志，看到几篇追忆柳青的文章。除了重温他写《创业史》的艰难历程外，对其中的两件事儿，感触颇多。

一件事儿，是关于他的“抠”。

1952 年，柳青离开繁华的首都，来到陕西长安县任县委副书记。他觉得离人民群众还远，第二年又把全家搬到该县的皇甫村，住进了村中的破庙里。柳青脱下干部服，跟庄稼汉们一样，剃个大光头，戴上瓜皮帽，使自个儿成了皇甫村的普通百姓。

为改善生活，柳青买了一只绵羊来喂。由于他四处奔忙，无暇顾及，爱人马葳又不懂门道，人家的绵羊越养越大，他家的绵羊却越养越小。柳青便叫来王家斌说：“我这绵羊是八块钱买的，现在七块五角钱卖给你，我喂瘦了一点，就折五角钱的本！”

王家斌点头称是，柳青仍不放心，再三叮嘱道：“七块五角钱，一分钱也不能少啊！”

王家斌虽觉他斤斤计较，但还是满口答应。可羊还没进家，柳青又赶来了，郑重其事地说：“噢，我差点忘了，系羊的绳子还是我的啊！”

其实，那也不是什么金绳、银绳，而是一根草绳子。

柳青卖羊，不捎带草绳子，在旁人看来，或许是“抠”。而我在意这种“抠”，抠是有说道的。

我常寻思，人是啥年月琢磨出绳子的。它的用场，主要是捆东西，可自打牲口跟了人后，就从没离开过这玩艺儿。在乡下，管拴牛的绳子叫缰绳。缰绳，有麻线的，混纺的，也有尼龙的。要说最结实最讲究的，当属牛皮拧的，使得长远，眼下很少见了，草绳子基本上也没用了。

凡是养牲口的人家，卖牛时一般不给带缰绳。要是买主一时不凑手，卖家会借给你，但日后一定得还。还，还得是原来的那一根儿，不能差了。也有人不当回事儿，牛都卖了，咋还在乎根破绳子，真抠。话，可千万别这么说，说了会戳人家肺管子，找挨骂。

正经养牛的人家，认死理——卖牛不卖“头儿”。“头儿”就是缰绳，引申了叫头数，一根缰绳拴一头牛，也顶一头牛。牛卖了，缰绳在；缰绳在，指望就在，来日保准再添头小牛犊子。到时还得拿这根缰绳拴，拴来拴去，牛子牛孙们就出息了，想拦都拦不住。老辈人常念叨：“牛是家里的一口子，顶半拉家当，缰绳一根半根不起眼，可它凑着牲口数，牵扯着庄稼人过日子的念想哩。”

也许，柳青对根草绳子的“抠”，人们会介意。可在养牛户的眼里，这件事并没那么简单，打老辈儿起就在乎。

其实，柳青并不是真正的“抠”。他把自己的一笔稿酬，共计 16500 元，交给了村公所，用来建卫生院。这笔钱，对当时贫穷落后的皇甫村来说，简直是一个天文数字！

另一件事儿，是柳青写的《耕畜饲养管理三字经》。

柳青的《创业史》，适合在牛棚读。小说以梁生宝互助组的发展为线索，不仅表现了我国农业社会主义改造进程中的历史风貌，也再现了普通农民思想情感的转变。让我惊讶的是，身为大作家的柳青，在鸿篇巨制的同时，竟然亲自执笔，编写了养耕畜的《三字经》；而且不短，多达162句。

他说："我们起初仅仅是讨论耕畜饲养管理公约，讨论到后来，形成了写一本三字经的想法。我们这样做的目的，一方面想使它起一个群众公约的作用；另一方面想使人们易于接受，便于记忆。不知道能不能达到这两个目的。"

这篇《三字经》，我细读了好几遍，越咂摸越有味，尽管是上世纪60年代初的"经"，时至今天也管用，是耕畜饲养管理经验的积累和总结。

《耕畜饲养管理三字经》中，柳青强调："饲养员，选好人。觉悟高，手脚勤。管牲口，负责任。起鸡叫，睡半夜。草料水，能均匀。圈勤垫，粪常出。牲口槽，常洗刷。牲口身，多扫刮。知冷热，识饥饱。饮温水，喂碎草……"我把这些句子读给老牛倌听，他直点头，说："对路子，不是闲嘎搭牙。早年间挑饲养员，把握地要命，得'根红'知底的人才行，还得老实厚道吃苦认干。因为生产队的大半个家业，都托付给了这人，马虎不得。"

尤其是"饲养员，选好人"这项要求，我觉得准成。我过手的牛倌多了，形形色色，啥人都有。若选不好，他给你当老板，惹出一身的麻烦。

前些日子，村长来找我。说扶贫了，介绍"菜包子"到我们牛场，挣俩现钱儿应应急，早点摘掉"贫困户"的帽子。

菜包子，我认识。他脸圆，嘟嘟腮帮子，两眼睛挨得近，鼻子嘴还朝一堆儿聚聚。加上又姓蔡，又一肚子老馋虫，所以呢，大伙儿都管他叫"菜包子"。

听村里人说，菜包子落生时，不足月，四五岁了，才会冒话。等大了，脑筋不转弯，干什么都潮乎乎的，吃啥啥包了。娶个媳妇，比他还缺心眼子，唬绰绰地尽知道生孩子，一顺水养活了仨儿。他家的地，叫他给种瞎了，不是错了茬儿，就是误了节气，草深苗稀。菜包子怨自个儿，不是顺垄沟找豆包的命，一跺脚，把地包出去，穷吃涨喝了好几个月。这不，日子又难过了，找村长，想当牛倌。

说实在的，当个村干部，也挺遭罪。官没屁大，烂眼子事不少。时常是老公公背儿媳妇，受累不讨好。既然村长开了口，杂木棵子当材料，那先将就着用吧。

头天干完活，手没等洗，菜包子进屋了，说要先支 100 块钱，着急使。

“干啥，又没粥喝了？”

“不的，这些年尽走背字儿，想请个先生，来给宅院看看风水，瞅瞅到底中了啥邪气。”

我乐得差点掉了泪，又抹不开面儿，只好填了个欠款单子，递过去，让他按了手印。

第二天傍晚，我刚端上饭碗，他又拱上来了。

“大哥，活儿能不能给换换？”

“换啥，又咋的了？”

“我贪不了早，犯困，酒房才半天活，受干。”

我没答应。他要是去了酒房，酒罐能见底喽，成天迷迷瞪瞪的，不扎进糟窖里才怪呢？我的胆子，可没西瓜那么大。

等到第四天头上，牛倌们来找我了。说：菜包子出工不出力，尽拣给牛擡草料、饮水的活干，清粪、背袋子、粉秸子啥的，压根儿不靠前儿。都是一样卖力气挣工钱，俺们一早到黑，跟个氽似的，围着牛呼呼转。他倒好，成了“二大爷”，杵在一旁抱着膀儿瞅。要是总这样儿，俺们大伙儿可就都蹽竿子了。

我忙拦住他们，好言好语，劝了半天。

我心里透亮十分儿的。在乡下，牛倌并不好踅摸。没两下子的，想干，干不上，也干不了；有两下子的，又顾着自个儿家养牛，不惜得听人使唤。伺候牛这活儿，又累又脏，又担责任，时常有人要“剂子”撂挑子。

没招儿了。当晚，我张罗几个菜，留菜包子喝两口。仗着酒罩上脸，软的硬的一块来，爹妈奶奶地一起上。可别说，他还真开窍了，上心了些日子。

我们院里有酒糟，撒地上的苞米粒子也多，界壁儿邻居的鸡，常来扒挠抓哧，弄得满地鸡毛。菜包子惦记上了，找来个矿泉水瓶子，灌上半下子酒，放进苞米粒子泡上，然后撒给鸡吃。鸡醉了，奓着膀子，趔趔趄趄，一步一个前趴儿。

后半夜，菜包子把鸡褪了，剁巴剁巴，在酒房的炉子上炖。不管是咋来的鸡，都是鸡，味道一样鲜亮。他自个儿有滋有味，边唆着鸡骨头，边喝得鼻翅一乍一乍的，眼睛乐成了花。

到了清早，他酒劲儿还没过，蹲在槽子上，给牛系缰绳。不知牛咋想的，还是叫他满嘴酒气给熏的，瞅个冷子，照他脑门顶了过来。菜包子酒一下子醒了，头朝后一仰，脚下一出溜，扑嗵一声，实实成成坐在了过道上。

他回家了。栽歪在炕头，哼哼唧唧，说尾巴骨给墩劈了。搁药酒，敷热毛巾，喝童子尿，试了好多偏方，都不顶事儿。上医院看，大夫也为难了，奔着中药方子使劲儿，除了喝苦药水子，就是大药丸子，还有成沓子的狗皮膏药。

我去看他，他媳妇说：“甭惦着，死不了，往常叫蝇子踢着蚊子蹬着，都得歇上个十天半拉月的……”

俗话说：没有规矩，不成方圆。原以为，一个屯子的牛场，能育肥也就可以了，没必要整章建制，觉得忒一本正经，花里胡哨。读了柳青的《耕畜饲养管理三字经》，心里见了亮儿，我得照葫芦画瓢，琢磨出几条规定来。我也三字一句，顺口溜儿似的，编巴编巴镶在镜框里，高挂在牛棚的正墙上。

我想，日后要是自个儿出息了，也写写“创业史”，并把这个规定加进去，留给养牛的人看。

酒联小品

肉牛的饲料里，得掺酒糟，好利于合成碳水化合物，这叫科学养牛。

酒糟刚出锅，热，摊开晾凉了，才能入窖。忙乎一阵儿，乏了，就倚在牛棚里，翻一本书，叫《中国古今对联集萃》。其中，所谈多数对联，似曾相识，唯对酒联来了兴趣。

我虽早已不惑，道理些许明白了点儿，可仍近杜康，只是不动烈酒罢了。喝了半辈子，唯一的憾事是，忒想拎只鬼来下酒，一直没有得手。既是性情中人，自然对酒联亲近，字缝飘出的酒香也能醉人。

记得，最早接触的酒联，应属《水浒传》，里面有一副对联，挂在景阳岗的酒肆。其上联是“顾客一位两位都请坐”，下联则为“烧酒三两五两尽情喝”。《水浒传》写的是宋朝的事儿，那时酒家遍地，梁山好汉们个个大块吃肉，大碗喝酒；舞舞扎扎，潇潇洒洒，醉行天下。

而在《中国古今对联集萃》里说：宋时，茶馆酒楼原是一家。在颖州西湖畔有个酒楼，名叫醉仙居，掌柜的姓李，善做生意。他为了招徕顾客，就在大门旁贴出上联：“为名忙，为利忙，忙里偷闲，饮杯茶去！”并言明凡有对上下联的，愿奉送酒席一桌。此联挂出后，谁知惹来了新任颍州太守欧阳修。欧阳修看过上联，笑了笑，立马吟出下联：“劳心苦，劳力苦，苦中寻乐，拿壶酒来。”上下联相对，果然天作之合，滴水不漏，慕名者如云。

也是在宋代，流传一副对联，专夸酒好，题为“铁汉三杯软脚，金刚一盏摇头”。读罢酒家此联，就算滴酒不沾的人，也拔不动脚步，信服并中套儿。我烧酒用苞米，二溜儿淌到 63 度左右时，接了最受喝，绵软，过瘾。喝高了，不上头，略微有些闪脚。

按说，宋代的人活得神仙，酒联盛行，佳酿入肠，必当豪侠铁骨，气冲九天。谁料却软瘫如泥，屈辱亡国，白瞎了酒的烈性。

话说回来，手中书介绍，酒联也有好把玩的，如谐音联。据《解人颐》记载：前朝名士张灵和唐解元，俩人饮酒一整日。唐解元喝高了，滑溜到地下，口中即出一联：“贾岛醉来非假倒；”张灵也醉了，倚在椅子上，顺嘴应对：“刘伶饮尽不留零。”俩人醉中用典，信手拈来，不愧才子。

“假倒”，与唐代诗人贾岛名同音；“留零”，则谐西晋“竹林七贤”之一的刘伶。贾岛喝不喝大酒，我不了解，刘伶我知根底儿，《世说新语》中讲过他戒酒的糗事。刘夫人准保是贤惠的女人，她没招了，砸了醉鬼丈夫的酒具，硬劝他戒酒。刘伶乖呀，非要当鬼神的面发血誓，决心之天大。夫人自然高兴，摆神案，供上好酒好肉，只听刘伶发誓道：我姓刘的，乃天生酒鬼，从不听女人的话！接着把敬神的酒肉，一股脑敬了肚肠，又“陶然复醉”。

建国前，在成都南门四维路，有家名叫“兴盛隆”的酒楼，曾高悬一副酒联:“入座三杯醉者也，出门一拱歪之乎。”

此联甚妙，妙就妙在上下联的结尾，竟以“之乎者也”收笔。“者”“之”二字，指代明确，颇为认同。由此看来，店家脱俗，肚子里墨水饱满，亦庄亦谐，老板聪明哉。而联中的酒魔子，我也视如哥们，五十步笑百步，别埋汰人家。

然而，酒联虽好，也能酿成祸端。四川华阳中兴镇，我没听说过。书中写：那儿有一酒家因跟茶馆老板斗气，专门请了个秀才，撰了一联。其联为“有志者饮酒，无聊人喝茶”。哪知，就在此联挂出当晚，镇上那帮嗜茶如命的人，气势汹汹，杀奔而来，将此联牌子砸了个稀巴烂。可见，这酒家老板一脑瓜糨子，水平太凹了。

《中国古今对联集萃》中的酒联，也有正能量的。相传清末某乡间，有一秀才，自恃有点才气，不求进取；常拉三五旧交，缠于酒桌，杯来盏往，日日醉成一塌糊涂。一天，这人又喝闪神了，跟头把式，摸不着家门。乡邻见了，有善文墨者写了一副对联，趁夜色贴在他家门外。上联：“喝喝喝喝喝喝喝喝到天旋地转；”下联：“饮饮饮饮饮饮饮饮得东倒西歪。”横批四个字为：“酒比才高。”秀才见了，脸红中带紫，差点钻了裤裆。于是戒酒发奋，功成名就，一时传为美谈。

我常私下琢磨：人哪，不容易，第一要学会喝酒，第二要学会戒酒，能喝能戒，才算酒的知音。

一旁的牛，抻过头来，伸出舌头拽我的袖子。我不给它书，就掰开它的嘴，把喝剩的半瓶啤酒，灌进了它嗓子眼儿。

我养的牛，天天吃酒糟，都攒了点酒量，60 度的小烧，喝个斤八不当回事儿。可惜的是，它们瞅不懂酒联，也喝不着啥像样的酒……

猪之旧闻

手头有本陈年的笔记，似读后感，纸都黄了，翻了翻，看到几段写猪的，便旧瓶装新酒，说道说道。

《韩诗外传》载，孟子小时候，瞅见东邻杀猪，馋了，问：妈，他家杀猪干啥？孟妈随口回答：杀猪给你吃呗！接着，孟妈感觉坏了，失言了，孩子是棵小树，正往上长，往直了长，随便编瞎话骗他，以后咋办呢？立马掏银子，跟东邻买块猪肉，炖给孟子吃，楞把谎话给圆回来了，可怜天下父母心啊。

东汉末年，有位人称“水镜先生”的司马徽，大学者，世人都认可他。那天，邻居丢了一头猪，可哪儿找，寻到司马徽家，一见其猪形状大小，跟他家猪差不多少，就一口咬定了。司马徽并不争辩，一笑：是你的你就赶走。过了几日，邻居从别处找到自家的猪，老抱歉了，把误认的猪送还司马徽。要说还是水镜先生心大，毫无介意，反而讲邻里之间有点误会，不差啥；还夸人家懂道理，知错必改。那邻居一听，差点哭了。搁我，得给司马徽点个赞。

《后汉书》写的实在，说朱穆养的猪，忽然不吃不喝，还不动弹。咋办？朱穆托邻人到集上去卖，并嘱咐要向买主申明猪有病，只收市价的一半。邻人要面子，照样按市价脱手了。朱穆收钱后挺不安，忙赶到集上，找买主要退还一半的钱。买主晕了，细瞅瞅那猪，认为没啥毛病，不肯收钱。双方你推我让，到底朱穆把钱搁在地上，头也不回，跑了。

你说，这俩人讲不讲究。

古时候，说道多，管放猪的人叫“牧豕奴”，可见身份多低下。《东观汉记》载，有一位“牧豕奴”，姓吴名祐，原是官家子弟，老爹曾任郡守。他二十岁时丧父，家业败落，生活煎熬，放猪为业。他老爹的老领导、老部下找上门来，给他钱财，荐他当官。吴祐尿性，一律婉辞，甘愿自食其力，常常一手放猪，一手读书。有人看不惯，责怪其给家族丢脸。他说：我不靠上辈，不要照看，只凭汗水就饭，没啥丢人的。好！小伙子有老猪腰子。

再说后汉时，朱浮给彭宠写信，讲了个故事：辽东有人家里下了一小猪，它的头毛是白色的。这在当地从未见过，此人以为奇异，是珍兽，乃祥瑞，带着去进献国君。可他到河东一看，河东的猪，头毛全是白色，一点都不稀罕。他好生惭愧，扫兴而归。这故事啥意思呢？朱浮这是用来劝告，要彭宠不做井底之蛙，自以为是，自我膨胀。

还有一件事儿，发生在明武宗朱厚照身上。正德十四年冬，他冷丁儿想起，“朱”“猪”同音，杀“猪”岂不成了杀“朱”？脑瓜一热，立下圣旨，禁止老百姓养猪杀猪，违者充军。圣旨一下，全国都乱了套，老百姓纷纷把大猪贱卖，小猪活埋。朱厚照咋也没想到，他的这道圣旨，恰好承认了皇上和猪是一家人，可笑不？

以上这些陈谷子烂芝麻的，虽都和猪粘连了一点关系，其实际上和猪本身无关，现在翻翻，纯属叙旧。

邻家的猪，常来我们牛棚溜达，哼哼叽叽的，四处找食吃。我不膈应它们，只要不影响我翻书就行。况且到了腊月，邻家定会找我去吃杀猪菜。实话实说，猪肉吃起来，滋味还蛮不错的。

想发财的人

乱翻书，有个最大的好处，要是遇到走心的，就多撒眸几眼，过目难忘，勾连起一些书外的事儿。

那天，读明代万历年间江盈科的笔记，其中讲了一则故事：

> 一市人，贫甚，朝不谋夕。偶一日，拾得一鸡卵，喜而告其妻曰：我有家当矣！妻问安在？持卵示之，曰：此是，然须十年，家当乃就。因与妻计曰：我持此卵，借邻人伏鸡孵之，待彼雏成，就中取一雌者，归而生卵，一月可得十五鸡。两年之内，鸡又生鸡，可得鸡三百，堪易十金。我以十金易五牸（雌牛），复生牸，三年可得二十五牛。牸所生者，又复生牸，三年可得五十牛，堪易三百金矣。吾以此金以举债，三年间，半千金可得也。

接着，男人和老婆又琢磨，有钱后添置些啥东西。到最后，男人忘形地说，他还打算买一个小老婆。这下子坏了，其老婆“怫然大怒，以手击鸡卵，碎之”。眨眼之间，“家当乃就”成了泡影。作者用笔机智幽默，把人发财的欲念写活了，而故事的反转突变，出人意外，令人捧腹。

读罢，我也乐了，想起本屯的“菜包子”。菜包子，我在另一篇文章中提过，是个不着调的主儿。他家贫，穷掉了底儿，地种不好，就“抬”钱，随大帮儿养鸡。

到了六月末，鸡刚开裆下蛋，屯子里闹了鸡瘟。天热，一只鸡蔫了，其它的鸡随后就撵上。有的鸡跑着跑着，一个跟头抢在地上，口吐粘沫，满眼眵目糊，就咋也爹巴不起来。几天的功夫，耳朵根清净了，谁也听不见鸡们打鸣。村西头的沟子里，一堆儿一摊子的，扔满了死鸡，恶臭恶臭的味儿，顶风能拱出二里地，连过路的蝇子都熏出了油绿色。菜包子家的鸡也没跑喽，瘟得一只也不剩。他“抬”的钱，打了水漂。

前几年，刮养牛风，下指标，兑奖惩，出了好多优惠政策，贴心贴肺地扶持养殖户。村里贷款，打山东买回五十头牛，先分给村民养，两年后再收回本金。菜包子眼绿了，跟个绿头蝇子似的，成天黏在村长家，死缠活赖，磨磨叽叽。村上没辙了，也瞅他日子寒酸，寻思拉巴他一把，就放了他两头小乳（母）牛。

起初，菜包子还算上心，牛在头前走，他抱着鞭子跟在后头。没几天，他腻了，专门钻树趟子。树遮荫，也阴凉，乏了，还能倚着树墩子打会儿盹；或就着老咸菜，整几口小烧。牛是草包肚子，一泼屎几泡尿便空壳了，总是吃不饱。

树趟子里的草啃光了，就码着地头放。牛管不住自个儿，踅踅摸摸捋几口苞米叶子、大豆秧子。种地的人家急眼了，堵着他家门口，爹妈奶奶地骂了好几回。

到了冬天，菜包子傻了。地一片刷白，雪没了脚脖子，牛吃啥呢？买苞米秸子吧，兜没钱；到偏点的地里放吧，道远，心又没劲儿。牛张开嘴等着，他奔我们牛场来借，正好赶上大伙儿喝酒。没有钱，酒也会翻脸不认人，猫在瓶子里不出来。小卖店又不赊账，菜包子只好蹭酒喝。刚让两句，他一撇腿，坐在了炕沿上。

一碗酒下肚，菜包子就不认识自个儿了，天老大，地老二，他老仨，酒嗑儿唠得一摞一套的："有钱男子汉，没钱汉子难。钱不是啥问题，问题是没啥钱……乳牛下乳牛，三年五个头，呆不了几年，俺家的牛也能赶上你们的了。"他后面说的话，多少有点道理，跟江盈科所写"牸所生者，又复生牸，三年可得五十牛"的意思差不离。古往今来，基本上念的是一套"牲口经"。

牛活一张嘴，嘴是无底洞。老靠东挪西借的，总不是法子。菜包子索性把牛撒了出去，自个儿打食吃，两头牛成了要饭花子。有的人家，苞米秸子垛叫牛给掏了，豁了，心里窝火。跟主人说理吧，事小，夹不上筷子；跟牲口置气吧，狗屁不懂，白费了气力。于是，就来阴的损的绝户的，偷偷往苞米叶子上别钉子。牛吃东西急性，拿舌头卷，囫囵个儿咽下去。

菜包子的一头牛，吞了钉子，上不来，下不去，不倒嚼了。它肚皮胀，像各扣了两口锅，一敲跟打鼓似的。兽医来了，忙活半天，打针灌药全不管用。我也去了，出了个招儿，说可以手术。我这个半拉子大夫，当然不敢上手，兽医更不敢了。人家是有行医执照的，怕沾包儿，抖落不清。眼巴巴的，瞅牛蹬了腿，全家人就炖牛肉吃，牛皮牛骨头换了酒。

熬到来年草又绿，剩下的那头牛，"打拦"了。它眼珠子水格莹莹的，成天滴溜溜地转，撅着尾巴，直往旁的人家牛群里钻。菜包子心高，想搁冻精配，下的犊儿最好是"西门塔尔""夏洛来"啥的，最次也得是"利木赞"。可没等掂对着钱，牛肚子自个儿大了，上火闹心也没用，总不能领它上兽医院打胎吧。

小牛犊落地了，比羊羔子大点儿，没长牙，呼嗒了半宿气，死了。菜包子也泄了气。乳牛跟着倒了霉，瘦得脊梁杆成了刀棱子，一摸硌得手生疼，抬脚能踹个跟头，再也没揣上犊儿。

菜包子发“牛财”的梦，成了一枕黄粱，牵着牛上了集，卖了。卖了个猪价钱，换了几袋米，还有一桶酒。

他到我们牛场打工，干了小两年，搭咯些牛贩子，心活了，把房子顶出去，贷笔款，跟他们去倒腾牛。谁也没料到，在人比牛多，鬼比人多的牛市上，太阳又打西边出来了，菜包子竟划拉了几个钱。就好像财神爷喝高了，瞎撞进他怀里，临走还给撩下块金子。

没过多久，菜包子他还清了欠款，还买了一辆新的四轮子，人走在屯子里，腰杆拔得溜直，说话的嗓门也冲了几度。抽的烟卷换了牌子，是挺打眼的“玉溪”。而且，给大伙儿发烟的姿势也变了，很牛×，啪地弹一支给这个，啪地弹一根给那个。更叫人眼气的是，他身穿着的那件皮夹克，带着大毛领，蓬蓬松松，狐狸皮的，扣不系，常敞着怀。村长知道它值多少钱，在城里百货大楼见过，摩挲半头晌，没舍得买。

菜包子结识了个老牛贩子，俩儿挺对撇子。人手不够，老牛贩子的闺女跟了一回车，他俩就搭伙上了，王八瞅绿豆——对眼儿。这闺女还年轻，水灵，出门子没几年，离婚了，回了娘家。菜包子在城边子租了间房，拾掇拾掇，准备俩人正儿八经过日子。

一码到这须子，几个牛贩子挤眉弄眼，拎着酒水熟食，前后脚都跑来了。菜包子一边敬酒，一边介绍他女朋友叫二丫头。牛贩子们一听“女朋友”这个词，就乐，猜到他花花肠子有几根，不就是“相好”的吗？租个房子，当小老婆养着。后来，牛贩子大栓跟我讲：那妖精可不是一般的“炮儿”，比菜包子少性多了，小胯扭扭的，奶子颤颤的，好个浪不溜丢儿。要是瞅上谁一眼，那人准挪不动脚步。

俗话说：没有不透风的墙。不知搁哪儿，菜包子老婆听到信儿了，领着三个孩子，破马张飞地找来了。进屋二话没说，伸出手，先挠菜包子。菜包子想躲，却躲不开，仨孩子早抱住了他的腿。他脸上魂儿画儿的，泛着一道道血印子，差点破了相。等菜包子老婆醒过腔来，回头再找那个“小妖精”，人家早蹽竿子了。接着开始砸东西，造得满屋子乌烟瘴气，披儿片儿的。

菜包子回家了。他老婆照样不依不挠，把皮夹克填进灶坑烧了。还在沙发上扔了床被，不叫他上炕。大伙儿都去劝，我抹不开脸，没上前儿，怕沾一身腥骚。

聪明的耗子

我们院儿养牛，也养耗子。耗子赖皮缠，自个儿找上门来，骂不走，撵不跑，偏要跟人和牛住在一块儿。下药、放夹子、搁“电猫”啥的，都没辙儿。

安营扎寨后，它们可不客气，把苞米、豆饼这些牛吃的口粮，当成了自个儿家的嚼咕。嘴还刁了，连洒在地上的苞米粒，都不放在眼里，可着劲在粮袋子上掏窟窿，过上了饭来张口的敞亮日子。大耗子们滚瓜溜圆，一动弹，扭腰晃屁股的，跟如今的肥猫差不离，都得了脂肪肝。在空场，遇见人，只要你不拿家物什儿，它们都爱搭理不搭理的，照常走直线，似背着手溜达，谁也管不着。

有的小耗子，灵巧，爬上牛棚里的桌子，翻我的书，页儿干巴，唰唰地响。牛们眨着眼睛，歪着头瞅，像是在问：你们看得懂吗？不管是看懂看不懂，我挺在意翻书的小耗子，从不打扰它们。不论读什么类型的书，我还是喜欢纸质的这种，读书是件老实的事儿，得一页一页地翻。

前两天，朋友来喝酒，给我带来一本书，叫《醉茶志怪》。事儿多，没来得及看，放在桌子上了。谁知耗子盯上了它，把书脊给啃了，疤疤癞癞的，一翻封面差点掉下来，可桌面上连点纸屑都没有。生气也没用，我抹上胶水，贴条牛皮纸，把书脊裱好了。

书，我还没读，倒让耗子先翻了。《醉茶志怪》是本文言短篇小说集，有点儿神话性质，晚清津门人李庆余写的。

此书仿蒲松龄纪晓岚的笔法，属于发牢骚，混日子的游戏文字，但不乏嚼头。

该书分为四卷。卷二有篇短文，不过一百多字，叫《鼠技》。我读了以后，偷着乐了一会儿，写得太不近常理，却又传神，跟我见到的耗子有一拼。文章开头说："予友人家多鼠，厨间食物多为啖。有鸡子数枚，亦失去。疑仆食之，仆辩其无。因复以数卵置案上，夜假寐以观之。"接着作者写道：

有两只耗子跑来，一起上了厨房的案板。一只耗子上前抱住鸡蛋，仰身躺好，用四个爪子把鸡蛋紧搂在怀中。另一只耗子呢，就咬住那只躺着的耗子尾巴，倒步拽它。拽着拽着，它们来到案板的边沿，躺着的那只耗子被拽了下来，从空中落到了矮板凳上，还是脊梁着凳，一点也没有摔破鸡蛋。然后，又用同样的办法，从矮板凳上落到地上。就这样，两只耗子齐心合力，把鸡蛋运到了它们的窝里。

"物之智亦巧矣哉。"这两只耗子，真是太聪明了。要是直接拽着，摔到了地上，鸡蛋可能保不住。所以它们分两步走，采取阶梯式的方式，通过板凳做中转站，进行了缓冲，安全系数大了，叫人佩服。

记得，看"动物世界"，居住在城里的耗子，会大老远地跑一公里去找吃的。夜深了，耗子从下水道潜水，准成地由抽水马桶里爬出来，上到桌子吃东西，然后又潜水回去。这时候，电视里的画外音说："辛普森一家还不知道，这只老鼠已经和他们共同生活三年了。"三年了，这一家人想象不到，每天都跟这只耗子吃同样的食物，而且它还是从马桶里爬出来的。我当时想不通，这耗子咋聪明成这个样子。

读完上则短文，乐过之后，我突发奇想。想，耗子为啥啃坏《醉茶志怪》的书脊，让书快散了架？兴许是不让我读到《鼠技》这篇文章，对它们的手段缺乏了解，日后好哄我玩。其实，在牛场这几年，我对耗子们有了琢磨，并越来越琢磨透了。

去年夏涝，雨水勤，没早没晚的一通下雨，粘着几天不开晴。院子里一片汪洋，牛踩车辗的，草棵子东倒西歪，根儿都泡白了。

墙根的土片帮了，淹了洞口，耗子们忙往牛棚搬家。半大的耗子，一个叼着一个的尾巴，排成一串儿跟着大耗子游。大耗子来来回回，挨个儿背着小耗子，在水里挣命。耗子们重后辈。有的人家子女多，爹妈忙不过来，其它的耗子就来帮衬。小耗子趴在大耗子脊梁上，牙叼住它们的后脖梗，浑身直哆嗦。一只小耗子没叼住，滑溜进水里，沿上的三四个大耗子，扑嗵扑嗵跳下去，连拽带顶，把它救了上来。

等天放晴，地皮干了，耗子们嫌牛棚窄巴，又开始往回挪窝儿。一只母耗子玄乎，大白天唬绰儿的，领着一帮小耗子在院子里跑，不知天高地厚了。苞米秸子垛上的花猫，正在打盹儿，给惊动了，刮风一样扑下来，一口咬住了只小耗子，头一摆，甩出了七八步远。俗话说：耗子见猫，四爪发麻。剩下的小耗子茶了，吱吱地挤在母耗子身后，你撞我我拱你，乱成了一锅粥。有一个，还咬住母耗子的尾巴，说啥不撒嘴。

突然，母耗子停下脚步，一屁股坐直，迎着脸儿，挡在了花猫眼前。母耗子它蜷缩两条前腿，一个劲地抖搂；黑豆子样儿的小眼睛，水汪汪的，晶亮，快冒了出来；嘴皮子还直嘎巴，“嘁嘁”地叫着，不像是耗子的动静。

花猫懵怔了，稳住脚，愣了一会儿神，理解了母耗子的心思，知道它不是在替自个儿求饶，而是在为小耗子求命。花猫像是心软了，用爪子直挠后脑勺。猛地，它胡须一乍，喵地一声，旋了起来，想越过母耗子，去撵已跑远的那些小耗子。小耗子可是小点心，血温骨脆，细皮嫩肉。

母耗子急了，就地拔个高儿，恰好叼住花猫的尾巴梢。这下子花猫窝火坏了，咋寻思也醒不过来腔，好不容易饶了你一条命，你却给脸往鼻子上抓。它忽地甩开长尾巴，母耗子长了翅膀一样，画了个弧儿，准当地落在花猫的鼻尖上。它顺势爪子一蹬，花猫的鼻尖给划出条血口子。花猫傻了，舔下鼻尖的血珠子，抬头再瞅，大小耗子们没影了，连毛都没留下一根儿。

在牛棚里，有帮小耗子是常住人口，仗着自个儿小，不怕我。一只小耗子不知咋上了房梁，着慌跑，踩秃噜了，掉在地上，摔迷糊过去。另一只耗子，忙蹿过来，叼住它的尾巴，往墙根拽。其余的小耗子，在我的脚边转圈跑，吱吱乱叫。我实在是憋不住，噗哧乐了，我明白它们的心劲儿。

有一回，我给它们扔了一把葵花籽。小耗子们吃东西有意思，猴急；抱着瓜籽，小嘴紧着翻翻，沙沙的，掉着个儿嗑，不一会儿就露出了仁儿。它们跟小孩子一样，一惯就出毛病。小耗子们还爱上桌子，瞅见了笔，先伸着鼻子，转着圈地闻，探探能不能吃；接着，撅起屁股，拿后爪子，一下子一下子，朝后踢蹬，啥时笔掉地上了，才算了事儿。我估摸小耗子这样做，可能知道我会写几个字，怕我写它们，而且是不往好了写。更可乐的是，一只小耗子拽着一张纸走，另一只小耗子拽着一支笔，跟在后头。走了一会儿，俩儿凑到一起，吱吱说点什么，就又各自拖拖拉拉地走了。

桌上竖面镜子，小耗子愿蹭到跟前，尖头尖脑的，捋捋胡须子，摆开姿势，装模作样地照。像是不满意了，就前爪子着地，倒立起身子，往镜面上泚尿。把镜面画出一道道黄印子，骚气烘烘地冲人鼻子，我把镜子给扔了。

那天，放在桌子上的手机“嘀铃”一声，我刚想靠前，照镜子的小耗子，倏地蹿了过来，小眼珠子转悠，小爪子一通瞎摁。等我拿起手机一瞅，光屏上出现了几个字：“我要去看你，请速把路费打到某某账号上，想你的小妹。”

在大多数人眼里，耗子咋瞅咋恶心：有恶心的外表，恶心的计谋，恶心的作为。要论恶心的事儿，该属那天早上。我炒菜，锅底都快烧红了，拎起油桶一倒，倒出个死耗子。只听“哧啦”一声爆响，燎起一脸油烟子，还有股毛发糊巴味儿，腥不腥骚不骚的，呛得人好悬没憋过去。我想不明白，油桶的盖儿扣得严严实实，这耗子是咋钻进来的，真是纳了闷了。我没吃饭，肚子饱饱的，咬紧牙根，跺着脚，拿豆油灌墙角的耗子洞。跑出的耗子油光光的，锃亮，毛贼顺溜，捋捋括括，叫大伙儿点了“天灯”。

除了吃粮食外，耗子们亦馋得没边没沿儿，常换口味，偷鸡崽子，嗑咸鸭蛋，还祸害园子里的菜。先说柿子吧，刚见了点红，它们就前爪拳拳着，楼着柿子啃上几口。要吃，你们就正儿八经吃，可着一个来。它们却偏偏贪心，气人，糟害得满园柿子尽是小窟窿眼子，露出青绿的瓤儿和籽儿。耗子们还会上秧架子，顺着精细的架条子向上爬，动作难度大，危险系数高，跟演杂技似的。它们不挑嘴，啃顶花带刺的黄瓜妞儿，掐一股水般的嫩豆角……

我们院儿烧酒，耗子呆长了，也上了酒瘾，专挑窖里新鲜的，没滤净的糟吃。窖子深，有二三米，耗子下去了，上不来。工人们站在梯蹬上，用铁锹拍，劈，剁它们。耗子们给逼到了份儿，眼眶子裂了，龇着牙，乍开须，猛劲儿向上蹿。一只耗子邪乎，咬住了锹刃。锹天天使，磨得锹刃溜光锋利，你说它能紧紧咬住，厉害不？还死活不松口。上头的人接过锹把，把耗子提溜起来，一锹给拍成了一张画片。它灰土土的皮子上，红的白的青的，挤爆得腻腻歪歪。恰巧，后院的小丫头来打酒，踩上了，“妈呀”一声，扯开嗓门，尖悠悠地哭，哄了好半天，都没止住动静。

在牛场，除了人，牛是老大。耗子不服，总找牛的茬儿。大耗子们懒，也不敢，因为胖，怕躲不开，给踩死喽。小耗子们作妖，等牛睡着了，它们在牛身上乱蹿，挠牛的耳朵，扒牛的眼皮，吸牛鼻镜上的水珠。牛烦透了，哞哞直叫也没用。一头大黑牛挣开了缰绳，撵着小耗子满院子跑。

小耗子记道，三拐两转，把大黑牛领到料房子门边。大黑牛一蹄子下去，正踩在耗夹子上。耗夹子带着锯齿，咬进了牛的脚脖子，它疼得咬牙切齿，瘸着腿蹦跶。谁承想，它的尾巴乱扫，叫另一个耗夹子给掐住了。大黑牛红了眼，尾巴猛劲地摇，把耗夹子抡得跟风轮似的转。小耗子呢，蹲在一旁，浑身汗涝涝的，一边“哧哧”咳嗽，一边直勾勾地瞅，小眼珠子溜圆，没留一丝眼白儿。

小耗子精明，花花肠子多，把牛给耍了，牛记恨他们。牛个儿大，气性也大。大黑牛郁闷了，好几天没吃草料，掉了一层膘。人们也当然知道耗子坏，把它们列为“四害”之一，口诛笔伐。古往今来，骂耗子的文章，咒耗子的诗歌，讽刺耗子的谚语，数不胜数，足可以编成厚厚的几摞子书卷。而在《醉茶志怪》里，耗子却成了聪明动物的象征，其偷鸡蛋的全过程，简直设计的天衣无缝。这绝不是瞎掰，我可知道它们的根底儿，真的。

《醉茶志怪》中，还有一篇文章名为《鼠友》，把耗子写的更玄乎，神乎其神。说：有一江苏人叫乙，嗜抽大烟，“有大鼠如猫，伏床边俯嗅烟气，迥不畏人。”后来，乙没钱了，耗子仗义，多次偷来银元放其枕边。于是，“自此呼鼠为朋友。鼠辄至，饮食与共，吸烟则伏其旁，夜则共寝，人畜相安，不啻莫逆。”我也抽烟，几十年了，瘾头当不算小，但我可不敢招惹耗子。你想，我吸上一口烟，“戏喷之。鼠受之以鼻，半晌，徐徐自去。”这情景要是让旁人看见，那还了得，名声保准远扬四村八乡，连牛们都不会待见我。

我还爱喝啤酒，啤酒瓶子天天不离手。前些日子，牛贩子送来几头架子牛，我帮着往圈里牵。牛认生，不听话，造的我浑身臭汗，渴得要命，顺手拿起先前放在门后的酒瓶子，咕咚咕咚灌了几口。缓过气来，觉得不对味儿，仔细一瞅，晕了，瓶子里泡了一只小耗子！

过后的几天，大伙儿都替我担心，而我皮实，除了见啤酒想吐，身体没啥别的毛病。可我一直在琢磨，这小耗子是咋钻进瓶子里的呢？

半拉子兽医

有一段时间，我坐在牛棚，翻给牛治病的书，有点入魔。

牛倌老于说：“嗬，养牛的书没看够，这咋又要另起妖蛾子了。你能给老牛看好病，那兽医不就没饭吃了？”我笑了笑，甩给他一根烟。

我们牛场牛多。圈养的牛跟在托儿所一样，一个孩子蔫了，其他的孩子也都跟着蔫，时常闹个小毛病。请兽医，费用高，不及时，有时还得瞅他们的脸子。场子曾聘了个刚毕业的大学生，管吃管住，给点生活费，权当他实习吧。可一碰上牛打蔫，就淌汗，麻爪；就找笔记翻书，把纸页子翻得唰唰响，把我的心翻得直掉个儿。

我琢磨，咱虽未进过专业院校，拜师求艺；但也认得几个字，也可以学学这方面的知识，学海无涯乱翻书嘛。哪怕是浅尝辄止，一知半解也行。

我教过的学生中，有搞畜牧的，来往密切。平时，也常跟一些科班出身的兽医喝酒。他们听说了，挺热心肠，借给我一堆书。有治传染病、寄生虫病、内科病、外科病、中毒病、营养代谢疾病等方面的，还有几本《牛产科学》和《牛解剖学》。有位当过兽医的老朋友，改行搞了行政，不仅开了一溜书单；还居然把上大学五年的教科书，划拉划拉，给我运来了，弄得我茶呆了半天。这些书，太专业，也太高深了。对于我这门外汉来说，简直是闹眼睛，狗咬刺猬，无处下口。

我手头的这本书，叫《牛病防治》，属农村实用技术类，是《农民快速致富丛书》中的一册。出版单位名头不小，由《科学技术文献出版社》发行。书中分门别类，介绍了与牛常见病相关的病原（病因）、症状（或诊断要点）、防治等；同时，还简要阐述了常用的治疗技术。文字详尽细致，正适合我初学。

我寻思，当个兽医不容易，人家科班出身的，还得精益求精。咱呢？是硬赶着鸭子上架，复杂的病，不研究；一般的病，知道点皮毛；感冒发烧积食了，倒可以对付着治；至于打针灌药啥的，就得直接上手。我的原则是：牛是咱的牛，大牲口，治不好还怕治不坏吗？反正有正经兽医在，能给咱撑腰。要说是治不活还怕治不死，这话太难听了。真要治死了，那纯粹“二五眼”大夫，对不起我翻的书。

十冬腊月，老天的脸儿阴沉，时常有贼风钻进圈里。牛冷丁儿扛不住，造得鼻涕拉碴的，粘粘乎乎带着血丝，不到一宿就趴了架，还跟个齁巴老头似的，倒不上来气。

我先摸摸它的犄角根，有点烫手。一量体温，好家伙40 度，若是人早就受不了啦。我拿起书，翻到“支气管肺炎”这一章，细细地看了又看。牛倌老于笑了：“大哥，你可真是临上轿，才想起扎耳朵眼。”我没理他，接着掏出新置办的听诊器，用手心焐了焐听诊器头。

“唉，又不是小孩子家，怕啥，还能凉着？”牛倌又在一旁多嘴多舌。牛歪着头，瞥了他一眼。我想，牛保准在心里头踹了牛倌好几脚。

牛身上汗涝涝的，有股酸腥味儿。我举起听诊器，贴在它肋巴扇上；又把另一个巴掌，搭在它肩膀头上，轻描儿地摩挲。

听了一会儿，捻发音？捻发音？是！捻发音。我听到的动静非常细，唰唰的，就像是谁闲得心忙道，拿手指头在耳边捻自个儿的头发丝儿。

支气管肺炎——我寻思再三，终于给牛确诊了。又翻了翻书，也是这么说的。我按书上的要求，稀释了几只青霉素，共 320 万单位；另外又加了 4 克的链霉素，抽进了针管。

第四天头上，牛病好了。我给它量完体温后，它伸出舌头，一个劲想舔我手里的书。

给牛肌肉注射，相对容易，胆大心细，不嫌埋汰就行。轮到打点滴，非得靠“手把儿”了。要是找兽医来，光手续费就不下十元钱，钱花得人心里只咯噔，只好自个儿伸手了。

书上说：“注射部位：多在颈侧的上 1/3 与中 1/3 交界处的颈静脉沟的颈静脉内。注射方法：……以左手按压住注射部位的下部，使颈静脉怒张，右手持针与静脉管呈 45 度角刺入，见回血后将针头沿血管向内深插……”以上说的虽是满纸术语，生涩拗口；但这是学问，是科学，我得信书。

我按部就班，先找注射位置。便张开手拃，上量下量，左挪右挪，好不容易找到了静脉。等到扎的时候，手一捏住针头，就开始哆嗦，咋也找不好角度，使不好那股劲儿。不是扎偏了，就是血管扎穿了，牛脖子红鲜鲜的，直冒血珠子。倚仗牛脖子肉厚，要不就成了筛子眼儿。牛咧着嘴，斜着眼瞅我，不知是在笑话我，还是在骂我。亏得它们是我喂大的，不敢跟我动手动脚，可我心里愧得慌。

时间长了，白纸黑字变成了绝活儿，“手把儿”利索了。我先拿湿抹布蘸上酒，把牛脖子的毛擦成绺儿，露出肉皮子。这个法子，书上没写，日后有机会，看看是否能添上。接下来找着牛的静脉，使手指头摁住，摁得血管呼呼在肉皮子下跳；再接下来把针头调整成45度角，一个“寸劲儿”掼进去。针头回血了，就插上滴管，举着药水瓶子站在槽头上，瞅药水成流儿奔牛脖子里淌，一般十多分钟就完事了。只要你“手把儿”准，一针见血，牛都不闹腾。它们红着眼圈站着，不搭理你一下，可能怕撅了针头，也怕分了人的神儿。

牛以食为天。牛跟草料亲，肚皮没松紧，加上不活动，说撑着就撑着了。

积食的牛，肚囊臌成个大皮球，站不住，趴不下，难受得一个劲穷哼叽。光哼叽还不够，还把牙咬得咯吱咯吱响，活像牛嘴里钻进了一帮小耗子。我按书上介绍的，先叩诊，听到了乱糟糟的动静，有点像打鼓。过了半天，又听诊，动静弱了，弱了又没了。牛肚子实成成的，只能感觉心在扑嗵扑嗵跳，不知是牛的心，还是我的心。

书上选定的药，我都照方试过，有的管用，有的不管用，跟人吃药一样儿。药不好使，我用土方子，比如给它们灌豆油，灌面起子（小苏打），灌啤酒啥的。平常我喜欢喝啤酒，因为好这一口儿，身边的啤酒成箱子。

牛不喝啤酒，没机会。可啤酒起沫子，发酵过，助消化，在我看来治积食管用。

给牛灌药，书上写得明白，也犯不上找帮手，我自个儿就成。我一手掐紧牛鼻孔，使劲往上提拉，牛不干，脑袋转轴似的扑棱。它嘴巴子还不闲着，喷出一股股白沫子，酸气拉臭的，直冲你的肺管子。我另一只手攥着啤酒瓶子，顺牛的嘴丫子，抹斜插进去，一边瓶口朝下压，压住它的舌根子；一边瓶底往上抬，咕咚咕咚朝嗓子眼里倒。

牛给灌得直嗝喽，眼珠子还转着圈地瞎翻睖，好像在问我：给它灌的啥玩艺儿，咋酒不酒，水不水的？

牛是有性子的，跟小孩子家一般见识。你给打针灌药，它们不舒服，不觉得这是为它们好，把你看成了坏人。啥是好人坏人呢，挺难区分，每个人都有自己的见解，涉及道德和利益的层面。这道理很深奥，跟牛解释不通，等于对牛弹琴。

兽医治病，是职责，也是功利。我给牛治病，多是担当，是爱心，自然也包括省钱省事儿。牛的病好了，瞅我的眼神会比平时不一样，水格莹莹的，还伸出舌头拽我的袖口子，想唠点什么。这说明它们有心，在牛的眼里，我兴许是好人，因为我委屈辛苦了自个儿，替它们着想，帮助爱护它们。虽说我还不是个正经大夫，但我给牛行医了，竟然亲手治好了一些牛，说不上“救死扶伤”，也算所谓的“医者仁心”吧。书上尽管没这么说，我看到书外面去了。

听说我成了半拉子牛大夫，大伙儿瞅我的眼神就有些迷蒙，笑得脸皮子发紧。有位朋友，要晋高级兽医师，写了一本专著，让我给顺顺字句。我还真不知天高地厚，脑袋发热，想给其加点手头的案例，到了没敢下笔，怕人家不干。我那个学畜牧的学生，也出了一本书，是几十年心血的结晶，当面热情相赠。翻开油墨飘香的扉页，有作者的亲笔题签，写着请我“教正”的字样。我臊得浑身不自在，搁牛面前都抬不起头，把书放在牛棚里，准备随时翻翻，照葫芦画瓢，现学现卖。

几年来，连借带买，我攒了半柜子书，养牛和给牛治小病有了抓手。这就印证了一句话：“开卷有益”。我在书海里沉浮了大半生，窃以为：书翻得再闲再杂，有两种书必读：一是应世之用的；二是人文滋养的。

《牛赋》读后

手头有一本书，名为《柳宗元诗文选注》，是上海师范大学中文系集体编写的，由《上海人民出版社》出版，1974年发行，定价 0.31 元。

翻这本书，回味深长，颇具时代特色，编写的目的是："总结历史上儒法斗争的经验教训，深入开展批林批孔运动，把上层建筑领域中的社会主义革命进行到底。"这书咋到我手里的，说不太清楚了。书旧了，如今能看见旧书也不容易。

当高中老师时，为了熟悉初中的课程，仔细读过柳宗元的《捕蛇者说》《黔之驴》，还买了一本《柳宗元集》壮底气。该书以"百家注本"为底本，广校各本，补直罅漏，由中华书局重新整理，1979 年出版。

因在牛棚乱翻书，《柳宗元诗文选注》中的《牛赋》，自然夺人眼珠子。"若知牛乎？"柳宗元以设问开头，跟多数人写牛一样，大谈牛的威武雄壮，吃苦耐劳，无私奉献。接着礼赞："由是观之，物无逾者。"牛太伟大了，浑身没有疤瘌。

为突出牛的美德，作者找来了驴，好一通比较，数落"羸驴"："曲意随势，不择处所。不耕不驾，藿菽自与。腾踏康庄，出入轻举。喜则齐鼻，怒则奋踯。当道长鸣，闻者惊辟。善识门户，终身不惕。"丑化够了驴，柳宗元好一顿感慨："牛虽有功，于己何益？命有好丑，非若能力。慎勿怨尤，以受多福。"在字面上看，是对牛予以安慰，实则为一种抗议。抗议羸驴“当道长鸣”，而牛却“常在草野”，作者心存不甘呀。

在《柳宗元诗文选注》中，编者对《牛赋》进行了简要说明：“在这篇赋里，柳宗元把自己比作牛，把那些趋炎附势的小人比作瘦驴。认为像他这样的人，勤勤恳恳，辛辛苦苦，做了许多有利于天下的事，却得不到好报；而那班趋炎附势的小人，不劳无功，无益于世，却因为善于钻营取巧而被重用，横行天下。通过这一形象对比，柳宗元愤怒抨击了当时不合理的用人路线，表达了法家‘有能而任官’的政治主张。”这一段阐释，尽管烙了时代的印记，但在一定程度上，也表明了柳宗元的心态，尚不可完全视作笑谈。

我们知道，柳宗元因参加王叔文集团，站错了队，秋后算账被谪为永州司马。《新唐书》本传说：“既窜斥，地又荒疠，因自放山泽间，其堙厄感郁，一寓诸文。”这篇《牛赋》，前人认为“其辞皆有所托，当是谪永州后感慨所作”。

从一鸣惊人到一落千丈，作者难以接受，心情不佳，无辜的驴倒霉了，成了《牛赋》中被挖苦丑化的对象。自古以来，驴拉犁拉磨驮东西，还得让诗人们骑着，四处奔波，它们干的活受得苦少吗？我这里不想替驴叫屈伸冤，倒想再说说牛。

牛，的确任劳任怨，对人类的贡献“物无逾者”。要是全面谈牛的秉性，可别忘了它们也倔犟好斗。《辞海》中，“牛”的第二条词目，就解释说：“比喻固执或倔强。如：牛脾气；牛性子。”要不，人们常常讲：你瞅瞅，这小子犟的，牛脾气又犯了。

我养牛多年，对牛的性子有所见识。大多数的牛，个性。自个儿不乐意干的事情，立马就撂架儿，咋将就打骂也不行。

我在集上曾买了一头牛，就属这路号儿的。它一只前蹄子，刚搭上车厢沿，扑嗵就趴下了，整个身子粘在了缓台上。随你抽，随你拽，随你推，死犟活倔，丝毫不挪窝儿。

我咬紧牙根，拧它的尾巴，它不动弹；尾巴拧出了几个绾儿，咔嚓一下子折了，照样不动弹。牛放赖了，放赖的牛认死理，一根筋，你跟它咋较劲都没辙。

我找来个塑料袋，兜着下巴套在它脑袋上，不让它喘气，想把它憋得爬起来。这牛也有招数，晃开犄角，左右扑棱。看我不撒手，就把舌头卷成筒，肉锥子似的伸出来，捅了塑料袋一个大窟窿。它呼呼喘出的气儿，粗，吹鼓得破塑料袋哗哗直响。

牛不动，人生气。可生气也白搭，跟自己的孩子一样，舍不得往死里打。大伙围上来，七手八脚，拿杠子才把这犟种，当老太爷抬上了车，造得我满脸满身粪水子，骚臭得没个人样儿。

回到牛场，车靠到缓台上，刚把缰绳解开，它自个儿颠颠跑下来，回家一样进了牛棚，乖的不得了，叫我愣了半天神儿。

牛倔犟，除了放赖认死理，更多表现在好斗上。人家西班牙的斗牛，举世闻名，那是人跟牛斗。从电视里看到，斗牛士凭借一块红布，辗转腾挪，引逗牛发怒。而发怒的牛，总是往红布上顶，让人一边看，一边心惊肉跳，一边欢呼雀跃。

我国的一些地方，也时兴斗牛，叫大赛。主角是牛跟牛斗，人只在一旁看热闹，赢了有奖金奖杯。牛脾气大，常争斗，我们叫“牛干仗”。牛干仗，我看得多了。

就在前几天，两头大牤子结了仇，在圈里施展不开，挣开缰绳跑了出来。

第一回合。黑犗子的脖筋涨成了老树根，脊梁上的毛竖了起来，根根是刺。每根刺上，都串着一粒水珠子；每粒水珠子里，都晃动着一个火盆子样的大日头。它哞儿地一声，挟风裹电，奔红犗子冲了过来。

看样子，红犗子也是斗狠的主儿。它弓紧腰，勾起头，两耳抿在脑后；却以虚避实，闪一下身子，把黑犗子晃了个前趴子，跟头把式地趾溜出老远。黑犗子一骨碌蹿起来，昏头昏脑地愣怔一会儿，立马掉头反攻上去。它的眼珠子，像黑缎子上烙了两个红火球；它鼻孔里，咻咻喷出血沫子和沙粒子。随着“咣”的一声，两对犄角撞在了一块儿，好似有火星子迸了出来。

第二回合。黑犗子朝后一猫腰，猛地直起身子，奔红犗子扑了上去，前蹄压住它的双角，把它脑袋死按在沙地上。这种斗法，叫“挂”。我知道好多牛的斗法，有顶、撞、并、架、挑、打角等。再瞅红犗子的嘴巴子，插在沙子里，呜呜地喘不上气。它甩犄角，晃脑袋，拼出了死劲儿，才扑棱掉黑犗子的蹄夹子。

到了第五回合。俩牛都开始吐白沫子，四只犄角缠在一块儿，咔吧咔吧地山响。你进三步，我退三步；我进三步，你又退三步，步步咬着逼着。我跟牛倌靠不上前，伸不上手，急得恨不能抽自个儿几鞭子。

只听咔嚓一声响，脆生生的，红犗子一只犄角齐根儿折了。折得利索，折了的犄角没了影儿。它头顶的断茬，呼呼窜着血线儿，眨眼功夫就糊满了半拉脸。这回再瞅红犗子的红脑壳，半拉深，半拉浅，变成个破了相的小丑。它龇牙咧嘴，扭头就跑，沥沥拉拉洒了一地尿水子。

牛常发脾气，爱干仗，到底为啥？我琢磨：是为牛界生死存亡的大事吗？是为改进耕作方式饲养方法吗？估计都不可能。也许因为：你多吃了一口草，我少喝了一口水；你瞪了我一眼，我踩了你一脚；你爬了一次母牛，我却挨了几鞭子，等等。成天为这些鸡毛蒜皮的小事而动肝火，犯得上吗？尽管其身宽体胖，心胸未免太狭窄了吧。记得，曾在《人民文学》上读了一首诗，标题叫《牛头多生两只角》：

牛儿好，牛儿好
能贪黑来能起早

拉犁拉车不辞劳
艰苦朴素只吃草

美中不足有一条
头上多生两只角

牛毕竟是牛，长角的牛好斗。牛脾气上来了，连虎都不怕。在牛面前，虎这个百兽之王，也有走麦城的时候。《七修类稿》中，举了一则《牛搏虎》的例子。这则笔记，出于明代学者郎瑛之手。他讲的有根有据，说：在天长县，有一戴姓人家的村妇，早上牵着牛带着狗，去野外放牧。不一会儿，却发现狗钻进了草窠子，没出来。村妇忙牵牛去找，可没走百步，竟瞅见一只虎正在吃狗。虎见人来，立马弃狗而扑人。这千钧一发之际，牛猛地发威，冲上前去，跟虎缠斗在一起。虎啸牛吼，惊天动地，仅三五回合，虎齿敌不过牛角，结果是“虎负牛胜，人难消矣”。过后，朝廷给感动了，还特“赐一牛以代前牛力耕”，好让其终老天年，从而留下了一段“义牛救主”的佳话。

有一句民谚说得好：“高高山上虎斗牛，牛不怕虎虎也愁。”牛亦可敌虎，信矣。这要是驴呢？柳宗元在《黔之驴》里说得明白，驴尽管鸣之，蹄之，最后还是被虎“断其喉，尽其肉，乃去”。

从上面所说的看，牛的脾气能耐，比驴大多了。驴也相互干仗，连咬带尥蹶子的，人一鞭子下去，就哥呵哥呵叫着跑了，各奔东西。

柳宗元写《牛赋》，尚不够全面。主要是扬牛而抑驴，这与他当时的心境有关，牢骚太甚了。既然被贬了，他应该跟大多失意士子文人学学，回老家河东，“常在草野”，养养牛，种种地，喝喝老酒。要不，就“当道长鸣，闻者惊辟”，耍耍牛脾气，重新写一篇《牛赋》……

《艺海拾贝》之思

（一）

> 本书收集的几十篇稿子，虽然题目林林总总，方式像是谈天说地，实际上探索的却都是文学艺术上的问题。这既可以说是学习心得，也可以说是经验之谈。我好像是来到艺术的大海边缘拣拾贝壳的弄潮儿似的，在茫茫的海滩上俯身拾起一枚枚小小的贝壳。

以上这段话，出自《艺海拾贝》的跋文，是著名作家秦牧谈的写作初衷。这本书写于上世纪六十年代，我手头的是1978年再版的，书页已黄。眼下在牛棚中重新翻翻，仍觉得有些看头。想当年，“左”得要命，作者“带着探索者的眼光”，提出一些文学创作方面的问题，并给以解答，实属难能可贵。

既然是“拾贝”。“贝”，应尽量完美，或相对完美，最好没有硬伤。

在《小羊的刺激》一文中，秦牧写道：

> 在热带城市里，有一种卖羊奶的场面很有风趣。卖羊奶的人赶着几只羊，一路走一路喊卖羊奶，他手上是连一桶羊奶也没有的，谁要买，就“现榨现卖”。
>
> 奇怪的是被赶着上街的山羊，不但有母羊，还有小

> 羊。小羊当然是没有奶的，但是它有一个作用，可以帮助赶羊的人挤出母羊的奶。每当谁要光顾的时候，赶羊人就让小羊靠近母羊，让它用嘴拱几下奶房，这一来，赶羊人榨起奶来就容易多了。要不然，母羊的奶房虽然是鼓鼓的，榨奶可大不容易。

作者举这个例子的本意是："原来有一些生活积累，不经过激发，它是扬不起波澜的。"只有到实践中去寻找灵感，方能写出好的文学作品。记得上大学时，农家出身的现代文学老师，就以此为范文，大讲"小羊的刺激"，夸其深入浅出，形象生动，谆谆教导，至今萦绕于耳。

当时，我心长草了，跑到新华书店，用几天省下来的伙食费，买了这本《艺海拾贝》。书不贵，才伍角陆分钱。于是捧着这篇文章，读了好多遍。"小羊"的确"刺激"了我，下决心要先储藏"奶汁"，再触发灵感，写出点像样的文字。

近些年，我在集上，或城郊街边子，多次见到拉羊卖鲜奶的。奶羊站在车厢上，默默地检阅着街市，细细地反刍。它们个个精瘦，肋骨根数，两胯支棱。而乳房呢？圆滚滚，沉甸甸的，乳头几乎垂到地上。现挤的羊奶，喷泉一样流出，温乎，洁白，不用担心掺水、作假或不新鲜。人们买回家，煮开了，喝得美气，热补，暖胃。

有一回，我问主人："小羊咋没跟着？"

他说："不能跟，羊羔儿水肚子，常饿，闹奶，母羊也不老实。"

"那得留点儿，回去后给小羊吃。"

"不用了，羊羔儿早卖了。"

……

我们牛场养的，纯一色的肉牛。奶牛不养，嫌事儿多，不好伺候。奶羊倒养过，牛倌们讲究，现挤现喝，说大补。挤奶时，小羊咪咪地叫，直往前扑；还用小秃脑壳顶，护食儿。羊下了羔儿，产奶自然；乳房涨了，谁挤都可以，有必要叫小羊作“引子”，“刺激”吗？

可是，秦牧在文章中表明：“这个场面我是在少年儿童时代看到的，多年来，一直留下了颇深的印象……母羊奶房里面，奶是有了，然而不经过小羊这么用嘴拱几下，奶汁仍然不容易流出来。”兴许，南方的奶羊，跟我们北方的奶羊不一样？或许，我们现在的奶羊，比上世纪初的奶羊进化了。但愿再进化下去，到下个世纪，羊奶说流出来就流出来，只不过多加个开关罢了。

秦牧以“小羊的刺激”为例，讲的文学创作道理是对的，给几代人一些艺术滋养。可生活常识，毕竟是生活常识，最好别变成“怪识”。这容易成文章的“硬伤”，有碍大体，也可能误导一些人。

（二）

以今天的眼光看，由于立意的局限，《艺海拾贝》多少简单了点儿，仅在谈常识性的文学问题。故擦些硬伤，“拾”些老调，终归难免，谁也逃不脱时代的束缚。

我在牛棚，又翻了秦牧的后期作品，如《秦牧散文选集》。其曾获“第八届中国图书奖”，时隔几十年，读来仍有一定的份量。可以发现作者思想敏锐，才华横溢，知识渊博，性情较为幽默。而且他善于用流畅活泼的语言，讲述生动有趣的故事，让你明白一些新鲜的道理。

秦牧的文章获奖，说明人们尊崇他的创作，我则更钦佩其为人。“文革“初始，他就惨遭批斗。无论怎样地迫害，却依然挺直腰杆，不讲半句自己“有罪”，更未揭发别人半条“罪行”。

有一次，一个“红卫兵”责问他：“你为什么写《艺海拾贝》，不写学习毛主席著作？”秦牧梗直地回答：“这是写自己创作体会的东西，不是政治书籍。”令我感触最深的是：又有一次，一位监管“牛棚”的女学生，突发奇想，柳眉倒竖，喝令秦牧双手着地，让她当马骑一骑。秦牧大怒，断然拒绝。为此，他被逼得差点走上了绝路。

秦牧夫人紫风的散文，我也看过。她曾写道：“秦牧被发落到英德干校劳动，打泥砖、种菜、拉牛车、挑泥土，什么重活他都干过。两三年的时间，挑断了七八条扁担；上山扛木头，别人扛一根，他扛两根。即使在那样的逆境里，秦牧也是拼着性命干活的。”秦牧蹲过“牛棚”，拉过“牛车”，不容易，不禁让我想起初中时的一位老师。

老师的姓名，为尊者讳，我且不提了。老师是南方人，上海一所大学毕业的，“反右”时有言论，发配到了北大荒。到了“文革”，他一再夹着尾巴做人，也难逃厄运，被撵到学校的“五七”农场。老师精瘦，浑身剐下来没有二两肉，干不动重活，就让他放牛。放牛，算一份清闲工夫，叫人不当一回事儿，能干的人使唤牛。

秋收了，我们这帮半大小子丫头，割地粗拉，蹦了不少豆子。饿鬼托生的牛，忙舔着吃了，个个肚子实实成成的。

该回圈了，牛们驮着斜日头，悠哉悠哉，闲庭信步。老师念过中文专业，满腹墨水。这会儿晃荡了，沉浸在古诗句中，想象一牧童坐于牛背，横吹竹笛……老师便看中了一头红犍子，爬了上去，眯着眼，摇头晃脑，嘴里还不知叨咕些什么。

牛吃多了黄豆，本身就反刍难；再加上叫人骑了一路，出了力，上火，更容易积食。回圈后，红犍子肚子胀了，膨得溜圆，像一边搭个米袋子，连脊梁骨都看不见了。它猫着腰，直甩尾巴梢，不住地回头，瞥自个儿的肚皮。

那年月的牛，金贵，顶农场的半拉家当。兽医请不着，就用土方子。先是灌豆油，好几瓶子，没好使。接着找根树枝子，半尺来长，大拇指头粗，拿绳子系住两头儿，勒进它嘴丫子里。让它不歇气地嘎巴嘴，刺激刺激，好倒嚼。招儿想尽了，不管用，到第三天头儿，红犍子咽了气。

牛死了。场长是当地的老农民，心明镜似的，知道咋回事儿。他后悔，直拍脑门子，咋让一个“臭老九”去放牛呢？他花花肠子，不出面，背地里“杵咕”副场长。副场长是我们学姐，她左胳膊上套个红布箍，一身“红卫兵”的煞气。学姐集合起我们，让老师跪在地上，她手拿着牛鞭子，敲着老师的后脑勺，破口大骂：“你，你死不要脸的，撑着了无产阶级的牛不算，还要骑。骑个屁，这回好了，牛死了。活该你给我趴下，让我好好骑骑，看你臭美个啥？”

老师原本低着头，没动静。一听这话，猛地仰起脸，两眼通红，满是血丝子，高喊一声：“士可杀不可辱！”学姐一激灵，没听懂，愣眉愣眼地回头瞅我们。我们也茶了，不住地搓手指头，个个傻笑……

农场说，老师破坏“抓革命促生产”，由“历史反革命”升格为“现行反革命”，报了上去，不知为啥，结果没了音信儿。就宣布：他替代牛拉车。车装满了苞米秸子，小山一样，颤颤巍巍。老师在前头拉，弓着腰，脚后蹬，脖梗上青筋暴突。瞅瞅没人，我们悄悄在后面推，都一脸的水印子，不知是汗水还是泪水……

后来，平反了。老师回家乡之前，拿出补发工资中的一部分，交给了学校。学校不要，他放下钱，扭头就走了。我母亲也在我们学校任教，俩人是同事，故老师和我近便些。临行前，他把几本书留给我，其中有一本《楚辞》，上头有老师的红批。上大学的几年，我快把它翻烂了。

现在，回过头来说秦牧，我为啥佩服他的为人呢？还记得那个女学生吧，曾责令秦牧当马让她骑骑。对这种侮辱人格的事儿，秦牧日后并没有记恨，而是写了一篇散文，名为《给一位喜欢骑马的女孩》。满纸长者襟怀，真诚地希望那女孩排除“瘴风毒气”，健康成长。

翻罢书，走出牛棚，牛倌赵老四的孙子，正在门口和泥玩。他也就三四岁吧，瞅见我说：“大爷，我要骑牛玩。”

“不行，你还太小了。”

小家伙撇撇嘴：“那我就骑你呗。”

我趴下了身子……

关于"孺子牛"

抓空儿，沉迷于牛棚翻《辞海》，虫子一样爬行在书页间，顺水儿查到了“孺子牛”词条。读罢，恍然大悟，直怪自个儿学识浅陋，原来它是有出典的。想来也许以前学过，咋就一点印迹都没了呢？

《左传·哀公六年》记载：“女（汝）忘君之为孺子牛而折其齿乎？”说的是春秋时齐景公的故事。齐景公当年壮怀激烈，却十分宠爱他的儿子。有一次，他跟儿子嬉戏，自己爬在地上做牛，嘴里还衔着一根绳子，让儿子牵着走。不料儿子跌倒，竟把他的牙齿给拉断了。后人根据这个故事，便常用“孺子牛”一词，来表达对自己儿女无悔付出，关爱备至的心意。

因为涉及到了“牛”，脑洞大开，我就想：人且如此，那么真正的牛呢？可能有人要问，你想的是否太不着边了，两者的天性能一样吗？咋能把人和牛扯到一起。其实，这并非八竿子扒拉不着的事儿，我见到的一些牛，是甘心情愿做“孺子牛”的。

眼下，小孩子家不放牛喂牛了，他们要上学堂读书，进辅导班学艺，在社会上“演戏”，整日忙成了尜儿，都忘了自个儿是谁，有的甚至没亲眼见识过活牛。牛可悲了，想做孺子牛都没机会。但也有个别的孩子，常跟牛打连连，尽着性子玩耍。

牛倌张五子的儿子，四五岁大吧，是三胎，都叫他老疙瘩，他爹常领他到牛场玩。喂牛的时候，大人在前面忙活，老疙瘩在后头掺乎，翘起脚，用料棍给牛攉弄草料。牛没见过这么大点的“牛倌”，怕磕碰到他，吓得往后直躲，不敢正眼瞅他。

俗话说：小小子淘，小丫头蔫。老疙瘩也不差样儿。上秋的一天晌午，他吃饱了，看见院里拴着一头大牤子，等牛贩子来车拉走。大牤子身边，围着一群鸭子，嘎嘎乱叫。有一只麻鸭子，稳当地站在牛背上，不知它咋蹿上去的。这大牤子，老疙瘩熟，他常蹬上槽头，从牛脑瓜顶上爬过去，骑在大牤子的脊梁上。

那回，老疙瘩想玩点新花样儿，就踩在牛背上，喊着“一二三”蹦跶。牛皮滑，他一脚没站住，出溜了下来，正好摔在大牤子的肚皮下。老疙瘩懵了，满眼都是牛腿，跺脚的跺脚，打旁踹的打旁踹。他连哭都不会了，趴在屎尿水子里不敢动弹。大牤子慌了，一边哞儿哞儿地叫人，震得房梁上直掉灰绺子；一边闪开蹄子，用屁股死劲撞两旁的牛，怕把老疙瘩给踩着。

老疙瘩可吓惨了。回家后，一到傍黑就哭，好几宿没睡个囫囵觉，咋哄也不行。他奶奶有老猪腰子，叫人写了一张纸条：“天惶惶，地惶惶，我家有个哭夜郎。过路君子念三遍，一觉睡到大天亮。”贴在村口的电线杆上。

这次，老疙瘩照样没长记性，他蹭到大牤子身后，拽它的尾巴。牛没生气，他胆儿更肥了，伸出两手，攥住牛尾巴当间，双腿又离地一蹽，左右晃荡，打起了“悠悠”。大牤子回过头，两眼水柔柔的，接着岔开后腿，尾巴根子使劲儿，老疙瘩悠荡地更欢了。鸭子们也来了精神，嘎嘎地，乍着膀子加油。

老疙瘩他爹，大老远瞅见，魂儿都丢了，忙跑来，拽过儿子就是一巴掌。老疙瘩倔，瘪着嘴，噙着泪，呼呼地喘粗气。大牤子眼珠子通红，勾起脖子，低下头，猛地顶过来。要不是双缰绳拴着，够不着，张五子准得倒了血霉。张五子抹了把汗，跟我说："大哥，给兄弟个面子，这牛仁义，先别卖了。费用我出，等找到个繁育户，给人家当种牛使。"我点点头，抱起老疙瘩，去小卖店了。

这大牤子，我知根底儿。五个多月前，我打前屯买来的。当时，还是个刚断奶的小牤子，吃不惯草料，圈里也呆不住，就把它撒在院里，慢慢调驯。那时候，春暖花开，我想养鸭子，就在集上抓了二十多只。

小鸭子刚出壳，老缩着脖子打盹，毛茸茸的一个球儿。快晌午了，我把纸箱子搬到院里，让它们晒晒日头。

好信儿的小牤子，正在四处卖呆儿，瞅见了，忙颠过来。它不敢拿蹄子去扒拉，愣怔了一会儿，伸出舌头，轻描儿舔小鸭子身上的毛，都给舔戗了茬儿。小鸭子们一惊一乍的，呷呷地叫，直往小牤子舌头尖上挤，看来感觉还不错。

过了两天，我出门一瞅，纸箱子扣了个个儿，小鸭子们没了。我满院子找，搁酒房后发现了它们。水泡子里，几只小鸭子，把屁股撅得高高的，指头尖儿大的小尾巴，还左右地甩；脑瓜和前半截身子呢，没了影儿，都叫水给夹住了。剩下的小鸭子，呷声呷气地嚷着，在趴着的小牤子肚皮上，跟头把式的，上上下下地打出溜儿。我估摸，准是小牤子弄翻了纸箱子，领着小鸭子出来玩了。

往后，小鸭子们不老实了。一瞅见小牤子过来，就噼哩扑嗵，忽扇着小膀子，往纸箱子外蹿。蹿得慢的，给压在了底下，其它的小鸭子，就一个摞一个的，蹬着下面的身子，扑腾了出去。剩下的一俩个，眼窝儿晶亮，跳上小牤子的舌尖儿，让它给挑着，才落了地。小鸭子们是人工孵化的，没有妈妈。当小牤子对它们好了，它们就毫不犹豫地跟着它，信着它了，把它当成了妈妈。

小牤子是牛，不乐意玩水，可它总带着小鸭子们去水泡子。小鸭子跟在它后面，跟不上步，你挡了我，我撞了你，趔趔巴巴地跑着，跑成了一串嫩黄的小浪花。

到了水泡子，小牤子先蹚进去，连踹带顶，撵跑了早来的大鸭子和鹅。小鸭子们玩累了，就水涝涝的，趴在小牤子的身上，抖嗦着，挤成一堆儿，一副相依为命的样子。人瞅了，心尖子直颤颤。

有时候，小牤子边倒嚼，边把草沫子吐出来，稠乎乎的，给小鸭子们吃。小鸭子的嘴上，糊满了绿渍渍的草汁，瞅来瞅去，咋也瞅不出个黄嘴丫子的模样。还有几个小鸭子，翘着脚蹼儿，把扁嘴伸进小牤子的鼻子眼，滋溜里头的清鼻涕。

我住的房檐下，种了倭瓜，花开的鲜亮，色儿浅的，跟睡着的小鸭子差不离儿。小鸭子们不在乎，钻进花筒子，一下一下，掏里面的花蕊子吃。搁远一瞅，以为花儿冻着了，簌簌地打哆嗦。小牤子费了好大的劲儿，才把它们叫出来，领着去看喇叭花。喇叭花扬着脸，爬在板障子上，小鸭子们够不着。小牤子心急，舌头笨，一蔓儿一蔓儿往下拽。小鸭子们连一眼都不好好瞅，一个劲往嘴里鸽，撑多了，仰着头叫唤。

日子一晃儿，小牤子上了缰绳，进圈了。小鸭子们也长大了，变得俗里俗气。它们大摇大摆，常到圈里看小牤子，不，是大牤子了。每回见到鸭子们，大牤子都瞪圆眼睛，挨个儿地瞅，像是认不出来。

鸭子们一天一个样儿，身上都披上了花麻布片子，有的膀子上，支棱出根花羽毛；还有的在下巴颏，围上了一圈绿脖套儿。

该喂牛了，鸭子们嘴长，硬实，夹住牛倌的裤脚子不撒口，铆足劲儿的，往大牤子槽头拽。牛倌来气了，一个飞脚，把它们踢出个弧儿。鸭子们在地上打个滚儿，脑瓜一探，又上来了。大牤子领情，嘴巴子插底使劲拱，把料底子撅出槽子外，给鸭子们吃，瞅的人哭笑不得。我曾宰了个公鸭子吃，肉里有淡淡的牛膻味。难道是大牤子的气息，始终隐藏在鸭子的身体里？

一转眼，鸭子们下蛋了。我拿一个咸鸭蛋，磕开了壳，递给大牤子尝。它舔了舔，咂巴咂巴嘴，一抬头，噗地吐了我一脸哈喇子。我急了，想打它。可摸起鞭子，一寻思，算了。我挺理解大牤子的。

牛贩子来了，大牤子给转手到繁育户。鸭子们围在车跟前儿，扯开嗓门子，嘎嘎地死命叫，脖子都快抻成了一根线。车动弹了，鸭子们忙朝两边跑，边跑边窜稀。可没几步，又转回头钻进了车底下，吓得人是一身冷汗。再一瞅，它们又打车后露出头，连蹦带跳，丢了魂儿似的，喊着大牤子。

车轰轰的，一溜烟儿，出了大门。鸭子们跟在后头撵，膀子扑闪得老高，像是要飞起来。晚上了，鸭子们都没回来。

写到这儿，看来我是扯远了，从孺子牛扯到大牤子，又扯到了鸭子。说心里话，我到现在还挺怀念大牤子，它是一头带着鸭子长大的牛。

鲁迅先生重亲情，曾多次提到“孺子牛”。他在给友人李秉中的一封信里说：“生今之世而多孩子，诚为累赘之事……念其将来，亦常惆怅，然而事已如此，亦无奈何。长吉诗云：‘己生须己养，荷担出门去。’只得加倍服劳，为孺子牛耳？尚何言哉！”可见，鲁迅先生深谙“孺子牛”的要义。

但是，到他写《自嘲》诗时，情形就发生了深刻的变化，“俯首甘为孺子牛”一句中的“孺子”，已不再是专指自己的孩子，而是泛指人民大众了。所以郭沫若撰文特别指出：“但这一典故（指“孺子牛”），一落到鲁迅的手里，却完全变了质。在这里，真正是腐朽出神奇了。”

阿随和流浪狗

手里有本《鲁迅小说诗歌散文选》，页角都卷了，是复旦大学和上海师范大学联合选编的，1973 年出版，定价才 0.45 元。该书没有序言，只在第二个版页上，印了毛主席语录，其内容就不作文抄公了。

鲁迅先生的文章要读，读了，就放不下，也忘不了。每读一遍，都有新的发现和体会。这本《选集》中的作品，以前我都崇拜过，这次着重读了《伤逝》，据说是作者唯一的爱情小说。

“五四”时期的中国，涓生和子君相爱了，并冲破封建礼教的束缚，建立了自己的小家庭。可过日子不容易，在当时的条件下，小俩口儿走投无路，咋也爱不明白了。经过几次绝望地挣扎，他们的爱情，他们的小家庭，连同女主人公年轻的生命，终于被无情的社会所吞没了。涓生和子君，一伤，一逝。

《伤逝》是悲剧。值得注意的是，在这悲剧中，竟还牵扯着一个小小的生命，即小狗“阿随”的命运。阿随的出现，具有一种象征意义，它是涓生和子君生活的见证者，见证了爱情从幸福走向破灭。不言而喻，在一个日渐饥寒交迫的小家庭里，小狗的处境可想而知。就连男主人公都心酸地说：“我在这里的位置，不过是叭儿狗和油鸡之间。”

油鸡可以吃，让人“享用了十多日的鲜肥”。小狗阿随呢？无过无错，却“终于是用包袱蒙着头，由我带到西郊去放掉了，还要追上来，便推在一个并不很深的土坑里”。

女主人公死去之后，有一天，阿随忽然幽灵般地出现了，成了一条“瘦弱的，半死的，满身灰土”的流浪狗。“我一细看，我的心就一停，接着便直跳起来。”

阿随最后咋样了，作者没说，其实也没必要说，狗跟了人，它的命就不能自个儿拿主意了。

我见过许多的流浪狗。我们牛场院子大，院墙年久失修，往外淌水的砖洞塌了，常有流浪狗钻进来，四处找食吃。看院儿的大黑瞅见了，霸气十足，“汪汪“大叫，向它们猛扑；可在半空中，被铁链子拽住了，噗地跌落在地上。它一个滚翻，立马起身，前爪张扬，眼珠子暴突，红舌头让项圈勒出了三寸长，恨不得一口吞了流浪狗。

那天，一条花狗贼头贼脑的，从墙洞钻了进来，趴在墙根的蒿草棵子里，小心地往院子里瞅。牛倌老方乐了，蹑手蹑脚，慢腾腾的，朝花狗走过去。快到近前，他把食指搁在嘴边，呜呜吹上几声儿，花狗就着魔一样，乖乖地向他身边跑。等花狗靠近了，离几步远时，老方蹲下了，打兜里掏出一片油煎馒头，搁在手心里，手背贴着地面。花狗眼巴巴盯着，越来越慢地向前挪，挪着挪着，改成了爬。老方伸出另一只手，轻轻摩挲着狗脖子上的毛。突然，他五指紧抓，钳子一样掐出了狗的后脖颈，用力一摁，把狗脑袋摁在了地上。花狗的两条后腿蹬扒着，扑腾几下，就再也动弹不了啦。

这时，老方叫我：“大哥，今晚儿咱吃狗肉。”我说：“扯蛋，这玩艺儿我天生就膈应。”他笑道：“你真不吃？我们哥儿几个可是馋坏了。狗肉是好东西，壮气，补肾，健胃，暖腰子。再说调料都准备齐了，好不容易淘弄全的……”

我一听，真是馋鬼吃货托生的，就掏出几张票子，说买啥肉随便，把狗给我留下。

牛棚旁，有个空着的狗窝，我把花狗拴在了那儿。我找了个旧瓷盆，盛上苞米面粥，给它。它连瞅都不瞅，屁股朝外，缩进窝里。狗兴许记恨我，老方抓它时，我也在场。等我再回来时，盆空了。

第二天，放完吃的，我躲在远处，悄悄地看。花狗先探出头来，闻了闻，便缩了回去；隔了一会儿，又出来，四外瞅瞅，竖起耳朵听听动静，才开始大口吃东西，啥叫“狼吞虎咽”，就是这么个样子。还没等吃干净，就又嗖地退回窝里。过了半个月，花狗才照我的面儿，悄没声的，像个受气的小媳妇。我想：我养牛，难道把心养黑了，把血养凉了吗？要是连一条流浪狗都不待见我，我该多么地不讲究啊。这个念头，让我对花狗加倍地在意了。

那年冬天，猪忽地多了，肉成了白菜价。有的人家猪下羔子，压根儿不养，扔到野地里。牛倌们开四轮子拣来，自个儿吃，也喂狗。看院子的大黑解了馋，天天全猪宴。它还懒得动弹，摊在地上黑咕隆咚一团，跟个熊瞎子似的，两眼油汪汪地泛红。日后，它总是枕着猪骨头睡觉，一见着小猪路过，就哈喇流涎的，背地里还偷吃了两只鸡。花狗不像大黑，扔在眼前的死猪羔子，连瞅都不瞅，像吃素了一样。有时，它把死猪羔子叼到树根下，用雪给埋起来，招来一帮老鸹乱刨乱叨，闹哄哄地炸了营。

开春了，不知从哪儿跑来一只小叭儿狗。它眼泡子红肿流脓，浑身脏兮兮的，看不出本色儿，连毛都快掉光了。花狗忙颠到近前，探出鼻子去闻。小叭儿狗懂事儿，背朝地躺着，露出自个儿的肚皮，有气无力地晃着尾巴，摆出一副彻底臣服的样子。花狗抬头望着我，一个劲用嘴拽我的衣襟。

我的心软了，水一样的柔。我给小叭儿狗洗了澡，原本毛是纯白的。又给它点眼药水，等眼睛好了，两只眼珠子鼓突突的，像是从不眨眼皮子。吃了几天饱饭，有花狗护着，小叭儿狗换了模样，瘪得像只空口袋的肚子，吹了气似的胀起来，整个成了个小白绒绒球。它学会了笑，也爱笑。笑时，两眼放光，温柔地瞅着你；下颚张开，黑鼻头后面满是皱纹，伸出的小舌头一挑一挑的，别提多招人喜欢了。

抱着小叭儿狗，摩挲着它乳白柔软的卷毛，有了一种感觉。感觉是触摸的产物，手指直通心灵，我忽然想起了早年读过的《伤逝》，其中也有一条小叭儿狗，叫“阿随”。于是，我脑仁子一皱，寻思也叫它阿随——“阿”，亲昵；“随”，让它长久地跟着我。可又一琢磨，不妥。阿随是属于人家大文豪的，是名作里狗的字号，声望大着呢，草莽的咱能随便用吗？一个屯子里的流浪狗不配。再说，大伙儿也不明白是啥意思。单解释这名字的出处，就得费不少唾沫星子，还招笑儿，不如叫“毛毛”算了，谁也挑不出什么。

说来，花狗跟大黑不一样，从不欺负外来的狗。时常，呜噜呜噜地招呼它们，一起分享吃的。花狗待见流浪狗们，我喜欢它这一点，仁义。花狗还有一个喜好，就是爱拣破烂，从糟布条到旧罐头盒子，它一律都要。那回，我一块抹布扔了两次，但最终还是叫它叼进了房门。还有一天，花狗不知打哪儿踅摸了支破钢笔，乐滋滋的，放在牛棚的桌子上。我哭笑不得，给它一口啤酒喝，它直摇头，不靠前儿。

我把花狗安排在了牛棚，当专职“保安”。它爱昂着脑袋，站在槽头上，左瞅瞅右瞧瞧，将军似的，巡视着牛的队伍。要是哪头牛的缰绳开了，东蹿西爬胯，它就狠呔呔地喊，淘气的牛老实了，乖乖回到自个儿的位置。牛倌们大老远的也听见了，忙跑回牛棚。

屯子里有一条黄狗，是母狗，常来牛场找花狗玩。两条狗一见面就亲，用牙齿亲，用爪子亲，啥叫“张牙舞爪”？一瞅它们就明白了。一天，它俩跑了出去，花狗就再也没回来。听人说，两条狗正亲热，城里来了一伙人，用铁丝套子勒住它脖子，拽上了车。

毛毛红着眼圈，眼泪鼻涕拉碴的，等了好几天，也没见着花狗的影子。就围着我，跳着，叫着，像是让我给出个说法。我一手拎着拴过花狗的链子，一手拿着啤酒瓶子，直往嘴里灌，咕咚咕咚的，砸得心尖子疼。

天刚飘雪，牛倌老方又逮来条流浪狗，说能出 30 多斤肉，搁水里浸死了，扔在酒房门口，准备干完活再拾掇。毛毛围着流浪狗打转，一圈一圈地转，像上了发条似的。猛地，它停住了，张开嘴，一口咬住流浪狗的脖颈。只见它四腿蹬地，脊梁弓成一个问号，要把流浪狗往我身边拽。毛毛个儿小，比猫大点儿，流浪狗死沉死沉的，累得它哈哧哈哧直喘，气得骂了一声：“汪！”不仅是我，大伙儿都被眼前的情景惊呆了，没有一个人动，没有一个人吱声，眼睁睁地瞅着，瞅着一条小叭儿狗在拼命，拼命地拖拽一条比自个儿大几倍的狗。

实在是拽不动了，毛毛浑身直哆嗦，松开嘴，用脑袋去拱流浪狗的头，要帮它把头从地上抬起来。流浪狗没动静，半闭的眼睛蒙上一层厚厚的翳，耳朵完全耷拉下来，嘴角渗出了血沫子。毛毛又开始舔流浪狗嘴角的血，以为能止住血，就能止住流浪狗死去。

我心直颤，抱起毛毛，回到了房间。一整天，我也没放它出门，我怕它瞅见流浪狗被剥皮，解肉；怕它闻出铁锅炖狗肉的味道；怕它见到人们大口喝酒吃肉的样子……我真的怕，怕毛毛啥都知道了，会狗眼看人低。

花狗没了，毛毛成了我的影子。我在牛棚看书，它趴在一旁，我翻动一页，它就支一下耳朵。有时笔掉地上了，毛毛叼起来，立起身子递给我。我知道，毛毛把全部情感托付给了人，留给自个儿的却是孤独。除了缠着我，它难有消停的时候，跟个球儿似的，追追小鸡，撵撵鸭子，轰轰大鹅，最乐意管牛的事儿。

八月节（中秋节）前，我们卖牛。一头大牤子挣断了缰绳，毛毛尖溜溜地喊着，追着牛满院子跑。追着追着，它瞅冷子蹿了起来，死死咬住牛尾巴梢，说啥不撒口。牛气坏了，一个劲甩尾巴，毛毛就像小孩子玩的布口袋，挂在牛屁股后面，悠悠荡荡。人们拦不住牛，牛蹄子踢破了毛毛的肚子，青青紫紫的肠子淌出来，缠绕在它的后腿上，可它还是没有松口。

我把毛毛的肚皮缝好，埋在墙根的一棵小白桦树下。我相信：毛毛的灵魂仍在牛场，依附在这棵小树上。越长越高的树，将会把它送到天上。

记得，奥地利有位动物行为学家，叫劳伦兹，曾在他的名著《所罗门王的指环》中说过："遗弃一只狗就等于杀了它，因为一条真正忠心的狗，对人的誓约是海枯石烂此心不渝的，它的忠诚超过了人的一切估计。"所以，狗们最不能容忍的事情，就是被遗弃，成了流浪狗。尽管它们可能又会被人类所收养，但它们心中的阴影会完全消除吗？

真得感谢鲁迅先生的《伤逝》，感谢《伤逝》中的小狗阿随，让我又一次想起了，想起了见过的流浪狗们。我曾收养过它们中的几条，这几条狗陪伴过我。此刻，我用文字鞠躬，向在我记忆中仍然撒欢的花狗、毛毛们鞠躬……

禽兽慰灵

近几天，牛棚无乱事儿，便清理了些旧报刊。顺手翻了翻，看到一篇文章，介绍在韩国的一所大学校园，“立了一卵形巨石，浑然一体，腹间嵌碑。”碑文是这样写的：

禽兽慰灵

人与物兮，同生两间。乃禽乃兽，为学资材。我闻古佛，报必于施。

物为人用，惠利万端。顾我大学，感德同涯。视尔来生，莲出金池。

庆尚大学校兽医学科学生会
庆尚大学校兽医学科同门会
西纪一九八五年十一月十日

冷丁儿读这段文字，心恍惚，感觉有点怪怪的。不解剖动物，你们兽医专业的学生学啥？既然动物零碎成肉、骨、皮，灵魂跑远了，还发什么慈悲？可平下心来，细细品味，渐渐豁然。

此碑用汉字，意见古风。你说人家韩国兽医专科的学生，竟然写出这样雅致的中文，令人叹服。同时，在此碑文中，古佛、施报、来生等词语的背后，足以听到一颗颗忏悔之心的跳动。师生一边做动物实验，一边念阿弥陀佛，并非自相矛盾，或是一种虚伪的表现。而是把科研教学与佛教信仰结合起来，以人道的眼光，以宗教的精神，来看待动物，理解动物，进而对它们心存感激和敬畏。为科学献身的禽兽魂灵，需要人类的慰藉，更需要年轻学子们长远的纪念。

养牛久了，我自诩算得上半拉子兽医，可从未进过正规的实验室，也没见过系统的动物解剖。前年夏天，牛得了“五号病”，到了后期就烂鼻子，烂嘴丫子，烂舌头和烂蹄夹子。一头红犍子死了，我们打开了它的胸腔。红犍子的心包，比正常的肥了一大圈。心包上长长短短，弯弯扭扭，爬满了一条条灰白纹儿，这叫“虎斑心”，是“五号病”的典型症状。为此，我明白了，得了这种病的牛，为啥喘不上来气儿。我们把红犍子给埋了。

佛教徒不杀生，动物保护组织护生，是一种境界。而《禽兽慰灵》碑中，“视尔来生，莲出金池”，则表现出一种对生命的尊重和愿景。我熟识一些养牛的人家，甚至是宰牛的人家，也供奉了佛龛，初一、十五照例要焚香叩拜，祈求一番。

我养的第一茬肉牛中，有五头膘厚，卖给了一家回民屠宰户。宰前四头牛，我没敢瞅，轮到最后的黄白花，忍不住了，跟着它走进清真寺旁的屠宰间。

倒背着手的阿訇，悠着小步过来了。胖墩墩的阿訇挺年轻，也就三十来岁吧，脸上白里透红，挤出的眼缝细长细长的，一副笑咪咪的样子。笑眯眯的阿訇低下头，嘴里嘟嘟囔囔，听不清个个数。声儿没落地，只见手一晃，亮出把刀子，闪电一样，牛脖子给划开了，刀口快齐到脖头。

黄白花倒下了，它没叫，噗噗的，带着气泡的动静喘，越喘越快；四条腿还跟过电似的，挣命地踢蹬，不一会儿就伸直了。粘乎乎的血沫子，顺着阿訇手上的刀尖往下淌，一滴答一滴答的，抻得老长，却星点儿不沾刀身。刀贼亮，闪着寒光，映见了房笆上的蜘蛛网。阿訇站在那儿念叨着，调儿悠悠的，不见高也不见低。黄白花闭紧了眼睛，悄没声地在血卧子里沐浴，它听懂了人对牛的判词。

我认识不少宰牛的。有空的时候，我常跟他们中的老五，凑到一块儿喝酒。喝透了，他车轱辘话，离不开自个儿宰牛的茬儿。

在乡下，男人多撑家主事儿，是“掌柜的”。起初，老五的媳妇心眼儿死性，说啥不让掌柜的干这路活儿。他一回家，就冲给他个后脊梁，成天成宿地唠叨。她娘家妈烧香拜佛，信奉得虔诚，打小就扯着耳根子，熏陶她：“做人得存善根，杀生两手沾血。”后来又常说：“牛可是大牲口，给人下了死力，气数长着了，命也硬着哩。谁要是亲手宰了它，准保缺大德，倒血霉。指不定哪天，啥灾啥难的就会找上门来。”

对于娘家妈的话，老五媳妇并不全信，也不可不信。要是换成旁人去杀牛，她兴许不在乎。反正人得吃肉，牛早晚逃不过这一劫，遭不遭报应，那是人家的事儿，自个儿关起门来过日子就行了。可自家掌柜的杀生，而且是杀大牲口，她不能不管了。掌柜的只有一个，家也只有一个，啥事儿都是这样，不怕一万就怕万一。

媳妇的话是好话，心也是好心，老五的神儿有点乱了，牙帮子敲边鼓，手哆嗦了好几天。但又一想，儿子上学加说对象，家里翻盖房子，处处得用钱，光靠老娘们家家的几句唠叨，能当事儿吗？媳妇的话再贴心贴肺，再血淋，也叫点票子的风刮跑了。

老五宰牛，向来不先下刀子，我上心瞅过。牛拴好了，他先后退一步，站定，冲着牛深深地鞠上一躬，嘴里咕哝着什么。接着从兜里掏出黑布带子，给它把双眼蒙上。然后才举起铁锤，照牛的脑门心，“哐当”就是一下。牛立马前腿一弯，扑嗵跪倒在地上。这时，牛扑出来的气浪，像是推了他一把。老五朝后稍了一步，顺手拿起刀来，开始给牛放血，剥皮，开膛，解肉……

牛过手的多了，老五添了毛病，总心忙乱，慌。每天清早宰完牛，都得喝两口儿，稳稳神儿。酒进了肚里，身子骨懈了，心空了，眼皮子也粘了。要是搁过去，身子一沾炕，就睡得跟死猪似的。现在不行了，只要一闭上眼，那些他宰过的牛们，走马灯一样，脚跟脚地打他跟前转。它们大的大，小的小，胖的胖，瘦的瘦；一会儿血肉模糊，一会儿白骨支棱，个个围着他哞儿哞儿地哭。

老五曾对我说，想买个牛犊子放生。我问他：“能放哪儿去？照样叫人抓住，塞进圈里，育肥，圆膘，宰了卖肉。”他又说：“那就买泥鳅吧，整好几桶，放进河里，让它们顺水游到江里，再游到海里，游到……”我没吱声。真难为他了。

转眼间，又到了正月初五，老五记住是“牛日子”。他去了寺庙。跟着人流，他终于在拥挤的香客中，把燃起的三炷香插在香炉里。透过淡紫色缥缈的烟雾，高大的菩萨，目不转睛，向他慈悲地微笑着。老五双手合掌，跪了下来。跪下后，膝盖微微发颤，脊梁慢慢浸出细汗，心境也有些潮湿了，思绪变成了一朵飘忽不定的云。

回家后，老五和媳妇商量，到寺庙请了一尊佛像。他常想，尽管成天杀生，白刀子进红刀子出，人前抬不起头来；可这活总得有人干，这辈子就这样了，罪孽太重，下辈子再说吧。佛家提倡“我不下地狱谁下地狱”，老五的豁达，也许切合这种说法——我杀生即是让众生不杀生，此乃为积大德矣。

说实在的，我不太懂佛事，可神往参禅的顿悟。老五他们供的佛，跟韩国大学生的碑，虽然隔山隔海，彼此根本搭不上边；但是人们的心是相通的，慧根相连，在宗教信仰的氛围中，都渴望着精神世界的解脱与升华。

牛尿马尿童子尿

读罢柳宗元的《牛赋》，浮想联翩，发了一通偏拗的见解，连带想起“韩柳”齐名的韩愈。

韩愈，作为“古文运动”扛大旗者，名列唐宋八大家之首，其声望盛极，影响了后来的知识分子。他的《答李翊书》《祭十二郎文》等篇，早前看过，一知半解，印象模糊。《师说》呢，曾在高中当老师时讲过，照本宣科，不知误人子弟否。这回又翻了翻《进学解》，觉得累，文字“佶屈聱牙”。

《进学解》，写于唐宪宗元和八年（813）。全文意曲，假托先生劝学，生徒质问，先生再予以解答，故名“进学解”。而实际上，仍未脱离失意文人的格调，通篇感叹不遇，自抒愤懑。清代沈德潜说得好：“首段发端，中段是驳，后段是解。胸中抑郁，反借他人说出而已，则心和气平以解之。宜当时宰相读之，旋生悔心，改公为史馆修撰也。”（《唐宋八家读本》卷一）

我苦于先天不足，养牛后又智商趋低，读此文委实费力，但对下述文字，多瞅了几眼，颇为惊叹。韩愈说：“玉札丹砂，赤箭青芝，牛溲马勃，败鼓之皮，俱收并蓄，待用无遗者，医师之良也。”作者的本意是：药材无论贵贱，到需要的时候，都可以用来配药治病。并通过比喻，落脚到人才的录用上。

文中所提到的前四句，其实指的是七味中药材。而叫人眼亮的，是“牛溲”二字。“牛溲”是啥？就是牛尿呗。我不懂中医，也没背过“汤头歌诀”，发现牛尿能治病，倒怀抱新鲜，过目不忘。活了大半辈子，还从未亲眼见过人喝牛尿的。电视里倒是播过，印度那儿的人，把牛尿当宝儿，尽情地喝，这离咱太远啦，瞅着恶心。

听老牛倌说过，人叫蚊蠓叮了，抹上牛尿，可以止痒消肿。我试过，纯属屁话，不仅皮肤杀得慌，味儿也冲鼻子。牛尿，我还细闻过，出外买牛，得提防有的人家喂尿素。牛吃了，长喧肉，个头大，容易看差眼。常吃尿素的牛，血色浅，骨头酥，尿特腥骚，一近鼻子就知道。这样的牛买回去了，育肥难，得自认倒霉。

小时候翻《西游记》，囫囵吞枣的，除了看热闹，却记住了马尿能治病。话说唐三藏师徒四人，在去西天取经途中，路过朱紫国，巧遇国王得了怪症，百治无效。孙猴子便揭了悬榜，选配808味药材，并掺进锅底灰，加上了白龙马的尿。接下来，师兄弟好一阵忙活，“搓了三个大丸子”，取名为“乌金丹”。国王吃了，拉了三五回肚子，所谓“相思病”就好了。

国王高兴，大摆酒席，宴请师徒一行，且重点突出，猛劲劝孙猴子多喝。马尿是八戒接的，有功。他受到了冷落，又眼馋，就忍不住多舌道：“陛下，吃的药也亏了我，那药里有马——”孙猴子慌了，怕他说出“马尿”二字，忙递过去一杯酒，堵住了八戒的嘴。接着揽过话头，跟国王打哈哈说：“陛下早间吃药，内有马兜铃。”马尿一转身，变成了中药材。马兜铃虽然臭，可清热止咳。《西游记》改编成了电视剧，这个情节渲染为一桥段，人们烂熟于胸，成为笑谈。

唐代去今，千百多年，不免隔膜。在我的眼界中，牛尿马尿，压根儿没啥用处，只能脏了人的鼻子。古时的传闻，拉杂感来，只是道听途说罢了。那么人尿呢？咋样，众说纷纭。

听屯子老辈人言：在乡下，童子尿可是偏方，包治百病，比如肺痨、胃寒、肾虚等症。喝了还可以疗伤止痛，活血化瘀。

老辈人瞅我直撇嘴，眨巴眼，便给我讲了个故事。说早年间，张大帅当政的时候，屯子张罗一伙儿人，去山上拉柴禾。回来的路上，大车翻了，车上六七个人受了伤，趴在地上喊爹叫娘，动弹不了。这揞劲儿，恰好路过一老中医，一番察看，立马叫人找来一帮小小子，让他们往茶缸子里撒尿，给伤者灌了进去。没多大一会儿，神了，那些人一个个爬了起来，能走能撂……

我似信非信，几次想问问科班出身的大夫，却难以启齿，唯恐人家笑话，误以为我有荒乎其唐的怪癖。赶巧，牛棚乱翻书，读了一篇文章，是介绍已故老中医蒲辅周先生的，谈到了童子尿。

蒲辅周先生，四川梓潼人，三世精医。他早年悬壶成都，声名大振，1955 年便被擢拔到北京中医研究院。周总理生前曾多次说过：蒲老是高明的医生，又懂辩证法。蒲老所著《介寿堂随笔》，记载了这样一则案例——

说一中年妇女，患内热病两年有余，药服了几百帖，内热始终盘桓不去，群医束手无策，求治于蒲老。蒲老诊毕，胸有成竹，并未开方，只令她每日早、中、晚各服童子尿一盏。病人遵从医嘱，二十天后果见其疗效，两个月便热退，病好了。童子尿乃如此神效，真的是不可思议，有点鸿蒙开窍了。

不可思议的事儿，还有。一次，我翻一本老书，瞎猫碰到了死耗子，只见其白纸黑字写着：“一老妇人，年逾八十，貌似四十，询其故，常有恶病，人教服人尿，四十余年矣，且老健无他病。”这倒更加不可思议，童子尿厉害，不但治病，尚且能使人延年益寿。如今的人们，真该好好学学，改改路子，还花那么多钱保健干啥，喝喝童子尿不就行了吗？要不，一些文绉绉的人，咋叫童子尿为“轮回酒”“还元汤”呢？

前些日子，去牛倌老三家喝酒，一口气搁了七八瓶啤的，觉得尿脬子不舒服，憋得小肚子麻酥酥的。尿脬子是啥？就是膀胱。先是尿不出来，往后尿出来了，一滴答，一滴答的，像是尿的空气，快把自个儿尿丢了。

我喘不上来气，难受得要命。

老三说：“没事儿，大哥，我去给你淘弄点儿药。”

“啥药？”我问。

“童子尿。常言说：吃啥补啥。咱可以喝啥治啥。”

我忙阻挡：“可别扯了，骚拉巴叽的，能顶啥用？”

他笑了：“试试吧，都说好使，喝不好也喝不坏。”

老三立马吩咐他媳妇：“可快别再忙叨了，去屯子里踅摸踅摸，看哪家有人做月子的，不出满月最好。实在没有，百天内孩子的也行，过了百天，就不是味儿了。”

“有，大斌媳妇正猫月子，生的小小子还是双儿胎呢！”说完，她拎着空纯净水瓶子，出门了。

过了两袋烟的工夫，老三媳妇回来了，递上瓶子。我接过来，尿装了大半截子，略黄，还温乎乎的。我傻瞅着，心里一阵阵发紧，不敢伸手拧瓶盖子。

老三媳妇一直笑，说：“大斌这人太不着调了，听说接他孩子的尿，蒙圈了，一个劲问我大人的行不行？我说不行，要行，谁还能来你这儿。他说孩子不尿咋办？我说没关系，等到天亮也不怕。孩子倒挺懂事儿，一个尿完另一个也尿了……完事了，大斌还问，骚烘烘的，干啥用？我说浇花儿……”

老三打断了他媳妇的唠叨。他心肠好，劝我甭嫌乎，快趁温乎喝了吧。

我不好硬拂人家的心意，推托回牛场再说。老三以为我抹不开脸面，就不再言语了，光顾得和媳妇嘿嘿乐。

回到牛场，在院子里转了十多圈，尿出来了，痛快的两腿直嘚瑟，顿时觉得嘴渴了，瞅着手里的尿瓶子，真有喝上一口的意思。

牛尿——马尿——童子尿，扯得太远了，就此带住。我沉下心来，遥望老夫子韩愈，又捧起了《进学解》。时逢晚色渐浓，牛棚静怡；清灯一盏，伴我夜读。

喜欢蚊子的沈三白

几回跟文友喝酒，近酣时，都提及沈三白的《浮生六记》，说闲读可做消遣。这本书，我很早在书店见过，是本不起眼的小册子，没当回事儿。文友地推崇，让心长了草，便想搜求来读一读，品品妙在何处。到图书馆去找，竟未得手；后来在一老先生处借得，拿回牛棚翻翻，一点一点沉了进去。

《浮生六记》，名为六记，实则仅存其四，另两记遗失不具。此四记为自传性质，文字情真意切，清丽婉约，浑然天成。所谓“幽芳凄艳，读之心醉”，此言不虚。

沈三白率性，把“闺房记乐”放在首位，略显些不雅，但他理由堂皇：“因思关雎篇冠三百篇之首，故列夫妇于首卷，余以次递及焉。”其实，这样安排也对，《浮生六记》压根儿就不是一本正统的书，表露的只是作者的闲适与志趣。

在古时，像书中男女那样的婚姻，想必很多。竹园蕉窗间的生活，平平淡淡，细细碎碎，也不妨藏着大把的美感。现在看来，书中二人真是没啥追求，只在乎过自个儿的小日子，“终日课书论古，品月评花，饮酒行令，人间之乐，无过于此矣。”此情景，即眼下所说的热爱生活，并且是相当地热爱。

遥想沈三白当年，作为一无名文人，已不再执着于功名显达。于是，浅景淡色融入襟怀，花鸟虫鱼进入视野。令人叫绝的是，他竟然把蚊子这类小玩艺当回事儿，而且太投入了。沈三白回忆其小时候，“夏蚊成雷，私拟作群鹤舞空。

心之所向，则或千或百果然鹤也。昂首观之，项为之强。又留蚊于素帐中，徐喷以烟，复使其冲烟飞鸣，作青云白鹤观，果如鹤唳云端，怡然称快。”留蚊子在帐中，欣赏神往，化腐朽为神奇，绝了。可谓有心要写，并写得极为用心。

沈三白和芸娘乃青梅竹马，酒朋诗侣，玉壶冰心。花烛之夜，两人先以《西厢记》为题调侃，接着，“比肩调笑，恍同密友。戏探其怀，亦怦怦作跳，因俯其耳曰：姊何心舂乃尔耶？芸回眸微笑。便觉一缕情丝摇人心魄，拥之入帐，不知东方之既白。”我想，要是这功夫，帐子里进来几只蚊子呢，咋办？帐子能不能钻进蚊子，我上心过。平常的蚊子，个头约有帐子格子眼的两三倍，如何穿得过去？蚊子们心眼儿多，懂得收紧翅膀，手脚合拢，削尖了脑袋往里挤，不声不响，绝对可以挤进来。

良宵苦短。人兴奋，血热且甜，档次高。有蚊子自远方来，不仅是一只，谁不想来两口呢？蚊子再闹闹吵吵，却难以打扰小夫妻的兴致。可醒过来了呢——额头一个包，肩膀头一个包，脚趾头还有一个包……又红又肿，有的包还连成串儿。芸娘腮帮子上，兴许也有一个，像点了颗朱砂痣。小夫妻俩的手不干别的了，开始咔咔地挠，挠得天昏地暗，你说闹心不闹心？还能“怡然称快”，观“群鹤舞空”吗？

当天下晚，心有余悸。他们就得在“哼哼”声中，翻遍床头床梢，帐缝帐角，恨不得把蚊子碎尸万段。如果找不着，有劲没地儿使，烦了，干脆点上灯，只要蚊子不睡，咱们也不睡，静听这群袖珍诗人的低吟浅唱。

我过敏性体质，最膈应蚊子，养的牛也是。

牛棚咋拾掇，也免不了潮湿埋汰。后墙根的粪尿水子积存久了，沤成了粘粥，黑紫黑紫的，冒着碎碎嘈嘈的气泡，养活了无数的蚊崽子。

今年涝，又赶上了连雨天，地泞得厉害，眼瞅着庄稼减产了，可丰收了蚊子。没等入秋，它们就成了精。白天还好些，刚傍下晚，蚊子们就打犄角旮旯钻出来，抱成团儿，翻成蛋儿，打着旋儿，闹腾得连成溜儿的灯影都看不清。

蚊子们脑瓜儿好使，专拣牛身上最嫩绰最痒痒的地方叮，轮番朝牛眼皮子、牛卵蛋子、牛屁股沟子下狠嘴。牛够不着，气得猛打旁拐。地滑，蹄夹子没站住，扑嗵一个跟头，摔在自个儿影子上，半天动弹不了。到了吃草料时，牛更不得安生，蚊子们劲儿更足了，心更贪了，玩命似的作妖。牛扎下头吞几口，接着叼起一口，猛地往后一甩。一下又一下，甩得草料可哪儿都是，心疼的我和牛倌嘴丫子直咧咧。

我把掉在过道上的草料，一把一把往槽子里捧。灯影下，我看见一大个儿蚊子，落在牛脖子上。牛像是成了仙儿，觉察到了，屏住气，脖子上的疙瘩肉一阵阵抽抽。我来了精神，把住牛犄角，凑近了，瞅。

这只蚊子体态轻盈，细胳膊细腿，素淡花纹。才一眨眼，只见它明显慌了，手脚猛蹬，屁股直扭，小脑瓜都拧歪了。我估摸着，它的尖嘴刚扎进牛皮肤时，心肯定美滋滋的。可该吸血了，却感到情况不妙，因为使再大的劲儿，也吸不出来。于是，它调整一下吸管，调整一下身子。这一调整把它吓蒙了，它感觉到小尖嘴不是自个儿的了，根本动弹不得，像是被啥东西钳住一样。它紧张了起来，开始挣命，三挣两挣，身子离开了脑袋，落到牛蹄子边。

我乐了，蚊子呀蚊子，你也有倒霉的时候。再一低头，看见一只红樱桃样的蚊子，正趴在我胳膊上，静静地瞅着牛……

蚊子们闹了灾。我和牛倌们抱来了枯枝子，厚厚的一层，铺在牛棚的过道上，再把新割的蒿子盖在上头。蒿子一人多高，院子里满墙根都是。树枝子刚点着时，火舌子精瘦，蓝幽幽的，嗞嗞啦啦舔着灰绿灰绿的青蒿子。蒿子的刀茬淌泪了，一滴答一股白烟，原来草也会哭。一会儿，蓝幽幽的烟浓了，拧着腰身往上爬，聚成了蓝蒙蒙的雾。蚊子们乱了营，尖叽叽地哭着，撞着，噼里啪啦朝下掉。一只蚊子转向了，掉进了我的嗓子眼儿。

枝子蒿子将燃尽了，大伙儿赶紧添些，并时常拿棍子挑挑，让快实成的火堆透透风。在一般人看来，熏蚊子算不上啥力气活，可我心里有数：弯腰撅腚，手脚忙乱，一下晚总不拾闲儿。再加上烟熏火燎，鼻涕一把泪一把，好半天才喘上一口气，喘得人肋巴扇子生疼。有时候，火苗子高兴了，还把火星子迸到脸上，烫得人好一通吸溜。

刚熏完蚊子，趁着牛棚消停，匀匀气儿，我又翻开《浮生六记》，专拣写蚊子的话读，心里一阵阵冒酸水。沈三白以蚊为鹤，纯属个人喜好，哪个“雅士”没有自个儿的独癖呢？很多人喜欢《浮生六记》，俞平伯先生曾评论道：“此《记》所录所载，妙肖不足奇，奇在全不着力而得妙肖；韵秀不足异，异在韵秀以外竟似无物。”先生这话，推重极矣。而我认为一个热爱生活的男人，叙夫妇情深也好，吟风弄月也罢，把玩良辰美景也可，却偏偏又对吸血之蚊子情有独钟，想来也真够可以的——此乃微言，不值一哂。

林语堂先生大智慧，在《浮生六记》英文版的序言第一句就说：“芸，我想，是中国文学一个最可爱的女人。”芸娘冷淡仕途经济，如同活在梦中。她曾执手三白，到苏州郊外菜园避暑。面对田园风景，芸娘情不自禁地对丈夫说：“他年当与君卜筑与此，买绕屋菜园十亩，课仆妪植瓜蔬，以供薪水；君画我绣，以为诗酒之需。布衣桑饭，可乐终身，不必作远游计也。”

果真如此的话，他们应该再养头牛。要是养牛，也得养奶牛，夫妇二人好有鲜奶喝。他们家的牛圈里，肯定会有蚊子。在牛的眼里，哼哼叽叽的蚊子们，压根儿不是什么“鹤唳云端”，而是群魔乱舞。

第二辑

傍牛的日子

酒馆

阳历快五月底，地返大青，庄稼苗出了半拃，嫩得滴水，我该过生日了。

想清净，一大早关了手机。近晌午，从圈里拽出白牤子，骑上，到农场的场部喝酒，宠自个儿一回。

正赶上集散，路上的人多牛多，就绕着走。酒馆常去，不算亮堂，小，摆六张桌，每桌围坐五六个人。里外忙乎的，只有小老板和小老板娘，手脚麻利，热脸笑语。

柜台边坐个酒缸，有年头，裂了几道纹儿，用巴锯子锔了，客人自个儿打酒，用二大碗，算账时吱一声就行。

小老板俩口儿，跟我近，隔些天，准定着面儿，吃啥儿，心明镜的。不大功夫，端上三盘小菜：干炸小鲫鱼、尖椒炒干豆腐、花生米，还有一盆凉菜。凉菜的主料要讲究点儿：黄瓜得顶花戴刺的，干豆腐是手工制作的，木耳要深山里采的，粉皮需要自家拿旋子轮的，菠菜呢，当然是刚打园子里摘的啦。佐料切不能太油太浓，只搁少许盐、味精、米醋和蒜末，万不可添酱油、辣椒油、“肉帽”，这样才清爽可口。

一盆凉菜，吃不完，剩下的给牛，白牤子好这一口儿。

酒，当然要喝，深井水拔的啤酒，瓦凉瓦凉。杯就不用了，直接吹瓶子，一口灌下去，三焦通畅，七窍豁亮，顶得脑门子爽清。

旁桌是爷俩儿，看样子，刚卖了牛，先拿计算器按，嘀咕几句，油着嘴，笑；接着喊了一嗓子，干！爷俩儿碗一磕，仰脖子，气儿都不换，一吐噜，亮出了碗底。大晌午头，一碗急酒，准是遇到啥美事儿，痛快。

这爷俩儿，我面熟，前些日子在集上，云里雾里的，劝人买他们的一头花乳牛，说是带了犊儿。我在场，左右瞅了瞅，牛肚子见鼓。后来传闻：那人回家，守了好几天，花乳牛肚子瘪了，找来兽医，才知道上了当。想再找人家，怕不认账，就当眼珠子让牛踩了。

个别牛贩子，花花肠子杂，牛玩得好：焗毛色，矬牙口，灌水肚子……人家爷俩儿，在牛市上，照旧呼风唤雨。要是换了别人，早成隔夜的豆腐，馊了。我虽眼花，可从不搭他们的茬儿，躲得远远的。

前桌，坐一中年妇女，背对我，桌上一炖菜，一馒头，汤水就干粮，也就酒。她在缸里，舀了两回，悄没声的，慢慢嘬。酒度数高，在她脖后回了春。

她是五分屯的，年轻时，男人死了，跟个光棍搭伙。过了几年，没落下一男半女，给撵出了门。她有一垧多地，包了出去，喂了几头牛，算营生，个个伺候得油光水滑，宝贝似的，恨不得一铺炕上睡觉。我在她家买过牛。

可这妇女嘴不善，开口骂牛，骂得花花，除爹妈奶奶十八辈祖宗，就是白吃饱、白眼狼啥的。不知根底的人听了，以为她家招跑腿子，养了汉。

这时，酒馆里又进来个人，小老板娘跟妇女商量，能否和我拼个桌，她没搭理，扔下钱，走了。望着她的背影，我窃喜：平生不敢欺巾帼，每到席前拜绣裙。

刚进来的人，掸了掸凳子面，落座。他年纪与我相仿，一身迷彩服，夹个包，打我身边走过时，明明白白一身牛粪味儿。

人生面貌东西，举止南北，明眼人照一面，便心中有数了。我在周边的几个牛市，见过他，是外地牛业公司的。买了牛，雇车拉，话语不多，常戴个墨镜。

等菜的时候，这人坐得溜直，翘着二郎腿，气定神闲，一副公家人的派头，不是小牛贩子前，办公桌旁，经年累月，咋能养成这骨子里的劲儿，绝非我等牛前牛后之辈。

点的鱼肉上齐了，他掏出自备的酒，带色儿的，叫小老板，小锡壶烫了，浅浅地品，品出道道。菜呢？慢条斯理地吃，吃几口，拿餐纸抹抹嘴，用牙签戳戳牙花子。接着，喝一口茶，茶叶也是自带的。

白牤子在窗前拴着，它常跟我来酒馆，会把握火候，瞅我脸喝得发白，探过头，舔窗玻璃。我打开窗扇，把凉菜盆放窗台上。牛不讲究吃相，粗放，野蛮，几口就咽了，盆底舔得见亮儿，还一圈圈舔嘴边子。

接着，它定睛了，盯啤酒瓶子。我忙启一瓶，插进它嗓子眼儿，给牛肚子下点毛毛雨；又灌了好几瓶，等于雨下到小雨级。牛没咋的，嘴是漏斗，肚子是缸，不过尾巴根放了几个响动。

前桌那人，瞅着我。他戴着墨镜，分不清眼神儿。我早已拿捏他半晌，他又咋样揣摩我呢？他独斟，我自饮，可我有牛陪着。

桌上，空瓶子成了溜儿。有白牤子助兴，生日过得陶然，不禁胸中涌出妙语："自笑迩来能用短，只将独醉作生涯。"

该结账了，小老板娘说，已给过了。先前走那个女的，说跟你一个屯的。

酒友

记得，徐志摩曾写道：“带一卷书，走十里路，选一块清净地，看天，听鸟，读书。倦了时，和身在草绵处寻梦去。”

这段话好，迷思玄幽，意境诗化，令人神往。可于我而言，并非新鲜，放牛时常心契领会，略知其中况味。然窃以为，天高鸟鸣书香草绵，尚美中不足，缺了一样，啥？酒。即使“寻梦”了，却少些许微醺快意。

放牛的人中，年岁长者，多追捧小烧（散白酒）。讲究的，需在二流儿上接得，自诩“二锅头”，60 度左右，烈性，用行军壶装着。

他们喝酒，要烫，说喝凉酒，使赃钱，早晚作病。烫酒的燃料，也是酒，倒入小铁碟子中，点着，冒蓝火苗，晃晃悠悠。然后，把酒折进锡壶里，坐在火上，呼五喊六，温酒论英雄。

酒量大的，从一盅到一壶，陶陶然，醺醺然，醉不倒也醒不透，念旧日之不远，感慨人生之不老。回家时，摇摆身子，跟着牛颠。牛烦酒蒙子，脚步快，鬼撵的一样，把人落得老远。

我亦好酒。风和日丽，出门前，头一件事儿，即备足啤酒。姥娘看不惯，唠叨：“喝那玩艺儿干啥？骚了巴叽的，跟牛尿差不多，虚涨肚子。”我笑了笑，不言语，心里嘀咕：老祖宗，您有所不知，啤酒，顶俺半拉命呵。

我们牛场烧酒，海似的，却与我无缘。啤酒靠买，拉罐的贵，钱花得心疼。瓶装的便宜，佳木斯产的，地方品牌，620 毫升量，叫“松花江”，意思是：江水不断流，酒就管保够，还能批发。此酒金黄透明，如秋日的阳光，咽下去，脑仁子豁亮，旋出一阵小凉风。

刚放牛时，酒瓶子由白牤子背着，一路脆生生响，它心里忙乱，走道儿双拐，不成直线。我骑上去，酒一边一兜子，用手拎着。牛们稀奇，不拿好眼神瞅：人咋的了，没喝就高了，牛累，人也累，何苦呢？

到了晌午头，该喝酒了。酒瓶子早捂在草窠子里，既接地气，又凉爽，要不该乌吐了，温拉巴登。瓶启子忘带了，就叫来白牤子，让它张开嘴，绷紧下巴，把瓶盖沿儿搁在其下牙上，冷丁的，使股寸劲儿，往下一磕，盖儿便开了。

我喝酒，攒个毛病，抻悠，战线拉得长。喝一会儿，歇歇，缓缓气儿，喝酒也累。那天，多贪了几瓶，酒堵住了嗓子眼儿，随手举起望远镜，四外撒眸，猛地定神了。

几十米远的树下，盘坐着一女子，年纪轻轻，面如桃花，正喝酒，还是啤的。我见识短，瞎捉摸：她是干啥的？放牛？没遇过；野游？胆儿可忒大了。自个儿自斟自饮，属老爷们常干的事儿；几人对酒当歌，世间方丰盈温暖。小女子格路，是人眼中的谜语。

用望远镜瞅，瞅得真切。那女子，明眸承情，把拉罐举过头顶，隔着空气，虚撞一下，像邀鸟儿来共饮。接着，仰脖一口，抿抿嘴，笑了，似乎在说“好”。她面前，铺块塑料布，摆着下酒菜，简单，素淡，只花生米、豆腐干。

这两样小吃，合我口味儿，不禁想起了金圣叹。他任性，倒霉了，临刑时，脑袋落了地，耳朵眼里却滚出两小纸团。捻开一看，一个写着：“砍头真痛。”另一个写着：“喝酒有花生米、豆腐干，味道绝佳。”此则逸闻，不晓那女子知否？要是讲给她听，或许会心会意，或许挨骂挨挠，弄不好闹出人命官司。

酒顺了，我又来了一瓶。酒醺话漾，想起身，找那女子唠唠。一寻思，不行，人家年轻，芳心自赏，难合群，断不会搭理咱这半大老头子。若去了，当自讨羞臊，留着老脸，自个儿腆着吧。一时间，忽觉脸上发热，顿悟，本尊具偷窥之嫌，不够正经，有辱斯文。于是，撂下了望远镜。

人没了心思，轻松，呆呆地望天。天风赶着一群云，在寥阔中放牧。过了一会儿，酒意阑珊，竟睡了过去，枕草绿泥香虫鸣。梦中，自个儿坐在牛棚，前置一桌，桌上了然，一烛一卷一啤酒瓶子。旁依一女子，影近情遥，含吐不露。

这功夫，脸上润湿刺挠，睁眼一瞅，明晃晃白牤子的舌尖儿。它又点着蹄夹，开始舔酒瓶子，理直气壮，要喝两口，因为酒是它背来的。

牛喝酒，不动双唇，不动舌头，不摆花架子，只需张大嘴，往里倒就行，像灌耗子洞一样。按常情，灌耗子洞，耗子受不了，嗖嗖朝外蹿。牛灌了啤酒，嘴照张着，等着再灌，简直是无底洞。

牛倌曾说：这么好的东西，给牲口喝白瞎了。白牤子闻罢，喉咙一咕咚，嘴一张，喷了人家满脸草渣子，馊酸得要命。

白牤子贴心，谙酒中风味，乃我酒友。它陪我去酒馆，伴我“酒微醉后，花半开时”。乡亲们称奇，皆刮目相看，叹其就差识文断字了。自古名士多饮酒，当今“名牛”白牤子。

去年冬天，在牛棚里，青灯下，围着黄泥小火炉，我和它对酌。人喝啤的，牛喝酒梢子（酒尾）；人使杯，牛用盆；人敬牛，牛不回敬人，闷头饮，还得伺候它，一缸缸给舀。我不介意，习惯了，习惯成自然。看似不公平，非同道，但也算知己，“与君共消万古愁。”有来无往，恍惚之间，却都昏了头，便一同出了门，羽化登仙般而去。

雪花飘飘，雪野茫茫，天地冰清玉洁。冰清玉洁之中，“醉态任天真。”我在前头晃，牛在后面晃；我身上蓬松的白，牛身上臃肿的白。我们俩儿，一人一牛，无言无语，无怨无悔，唯见雪落无声。这情形，乡亲们看了，会笑一对酒蒙子，迷了心窍；文人们看了，当诗兴遄飞，吟一绝句千古。

话说回来，转眼草蔫了，天凉好个秋。大伙儿劝我，别沾啤酒了，伤脾胃。我一根筋，喝了半辈子，身板适应了，人强酒弱。再者，物极必反，否极泰来，以凉生热，暖了心肠。

放牛的人，微醺助兴，热心肠为伴，方能走一些些路，观一些些景，唱一些些歌，读一些些书，浪一些些情怀……日子长了，人也许寿眉飘逸，长髯染霜，腆着啤酒肚，绝尘于山水芳草之间。

该回家了，牛们性子急，颠着圆肚囊，一溜小跑。我紧跟着，半腹酒水，咣荡地气喘。白牤子操心，停下，拽衣袖，让我骑。

我谢绝了，怕它受累，容易积食。

不是一般的牛

在我的身边，有两种牛：纯动物性的牛和像人的牛。

（一）

小卖店界壁儿老赵家，有头牤蛋子，刚足两岁儿，身架不错，到了上膘的茬口。我几回去买，老赵总推过几天再说，牤子的行情见风涨，他拖着想图个好价钱。反正开春了，草大片儿返青，谁家都不差喂的。

按常情说，二岁子的牤蛋子，劲头儿火旺，大帮儿放爱闹群。可这牛忒怪，乳（母）牛在跟前，不追不爬；见了女人倒哞儿哞儿穷叫唤，眼神直勾勾的，撵在人家后头颠颠小跑，还时不时立起身子。臊得大姑娘小媳妇，瞅它一露头，就躲。再泼辣的老娘们，也变得扭捏，回家当着老爷们面骂它，在炕头上逞能。

我觉得挺有意思。

一天傍晚，我套上件红衬衫，借条红纱巾蒙了头，堵在道上，截住了回圈的牛群。起初，牤蛋子围着我转磨磨儿。转着转着，便拱我的胸脯，我忙闪身；接着搁嘴拽我的裤脚，还伸出舌头舔我的脚脖子。牛舌头湿漉漉拉巴巴，痒得我心里直刺挠，实在憋不住了，噗地乐出了声。

牤蛋子它精，知道上了当，勾起头，运足气，邪邪唬唬拉开架势，要拿没半拃长的小犄角玩命。老赵又笑又气，抡开鞭子一通猛撸。犊蛋子跑回了家，沥拉一路尿水子。

大伙儿都说，这牛够邪性，老赵再不敢朝外撒它了。

这么邪性的牛，拴进圈育肥，准不会安生，我打消了抓犊蛋子的念头。可也有不信邪的。一个外地的牛贩子相中了它，砍了半晌的价，磨薄了嘴皮子，才把它泡到手。

牛贩子的车，刚一拐上公路，恰好过来辆四轮子，车斗里偎着几位赶集回来的妇女。她们嘻嘻哈哈，推推搡搡，个个穿着光光鲜鲜的。犊蛋子立马一激灵，哞儿地亮开了宽嗓门。紧跟着，肥实的屁股猛朝后一挣，盘犄角的缰绳就捋了扣。它红了眼，嗖地打后车厢蹿了下来，扑嗵一声，小山一样摔在水泥地面上。

犊蛋子憋足一口气，晃晃悠悠站了起来，可脊梁杆子一塌，又趴下身子，摔掉腰子了。它大嘴直哈哧，勾紧肉棱棱的脖头，两条前腿扒拉着，拖着后胯向前蹭。

四轮子上的妇女吓坏了，“妈呀妈呀”地乱了营，抠住车帮子不撒手。

本以为能到吉林倒把手，多赚几个的牛贩子，傻眼了，脑门上的汗唰地淌下来。

他给犊蛋子套上笼头，叫上跟车的帮工，拉紧双股缰绳，把牛头高高吊在车帮子上。转身，又打舵楼子的座垫下，摸出一把刀子，足有一尺来长，咬在嘴上，走到犊蛋子跟前。这会儿的牛贩子，腮帮子上的肉，横横道道，一跳一跳地抖嗦，还把手指头节儿，按得咔吧咔吧响。

犊蛋子半拉脸，紧贴在车帮子上；另半拉脸上的眼珠子，翻转着。它瞅瞅头晌亮鲜鲜的日头，瞅瞅四轮子上几个光鲜鲜的妇女，瞅瞅牛贩子手中银鲜鲜的刀子，便眯起满是血丝的眼睛，嘴角咧了咧，鼻梁子皱了皱，耳根子又晃了晃，龇出刚平两个齿的下牙，欢欢地乐了一下，又乐了一下。

牛贩子一股劲，把刀子送进牛脖子，还猛地朝深探了探。牤蛋子它没叫，也没挣，老实得像一只羊，脸上的表情没啥改动。

（二）

有一段时间，发现有两头牛格路，吃饱喝足后，常歪着头，嘴对嘴，亲，亲得粘粘糊糊。有时，还把舌头伸进对方嘴里鼻孔里，一通搅和。

我犯糊涂，怪了，要是一牤一乳，这样做，倒也能理解，两情相悦，天性使然。而两个牤子如此，别楞，瞅着麻人，是抽哪门子疯？

这种事儿，难得一见，算是牛界的奇闻。记得，翻过些养牛的书，没说法；读过些写牛的文字，没印象；听过些老牛倌讲“牛经”，从没提到。

我先替它们惋惜：牛没长手，若长了手，就会像电影电视剧中的人那样，开头紧紧拥抱，然后搂在一堆儿亲嘴，把嘴亲秃噜了皮……

我再以人心度牛腹：哥俩儿同槽并肩，一块儿吃喝拉撒睡，日子长了，深厚了手足之情，故亲密无间，但也不至于这般吧。

一天晚上，牛棚里闹腾，护圈的狗叫出了牛动静。我忙跑了去，一瞅，这俩牛挣开了缰绳，一个爬在另一个胯上，一拱一拱的，正瞎撅搭。

看热闹的花牤蛋儿，又蹬蹄子又甩尾巴，一惊一乍，奶声奶气地叫，忙活得比谁都欢。近旁的老牤子，不打嗝了，瞅这边哞儿哞儿地吆喝，却又不介意的，把肚皮下的那个物件儿伸出来，老长一大截子呢，疲疲沓沓的，撩拨地上的尿臊味儿。

牛倌告诉我，这俩牤子，常整这举动，它们肚皮下的那根长虫，撅搭得都歪歪了嘴儿，放尿水子时走不成直线，不是往两边泚，就是朝后沥拉……惹得跟前的牛探着头瞅，尽可量地斜着白眼珠子，狠叨叨地剜那么一下，再剜那么一下。同时，还搁鼻孔里哼了一声，再哼了一声，开心地相互撞屁股。

骚折腾，没心思长膘。我分开了它俩儿，上了双缰绳，槽两头拴着。可两个牤子抻长脖子，互相够着，身上的毛根根直立，每根毛尖举粒汗珠子，浑身晶亮，像是为亲这一嘴，使尽了全身的力气。

俩牛相隔才十多步远，这十多步咫尺天涯。它俩儿前蹄子猛劲刨地，刨地上的砖，刨得砖成了沫子，刨得砖沫子迷了自个儿的眼睛，就连蹄夹子也刨劈了，洇出了鲜亮的血。血腥味吓坏了圈里的牛，牛们全挣紧了缰绳，挣得缰绳滴答水珠儿，挣得我胸腔子里揣了窝兔子。

这情景，人瞅着，别是一番滋味在心头。

（三）

黑牤子打进圈起，就爱翻白眼儿。它浑身油黑，黑脑瓜上头，忽闪两点白亮儿，让人瞅着打憷，牙根子冒凉风。

头一回看见它，就想起了阮籍，这个魏晋年月的第一酒疯子，张狂。有客人来访，他喜欢的，动黑眼珠子；讨厌的，翻白眼仁儿。再想到的，就是明代老朱家的后人朱耷，他有两把刷子，画的鸟，几乎个个眼白儿上挑，不在意眼下的人。

可惜我不会弄墨，要会，画幅牛翻白眼儿——涂一大坨黑，上头留俩儿白点儿，挂在牛棚里，气气黑牤子，多美。

圈里的鹩哥，成天多嘴多舌，刚开始学牛叫，还正经，哞儿哞儿的，嗓门粗，声儿浑重。叫着叫着，变调了，声儿尖细，尾音向上挑，以为牛出了啥事儿，瘆得人头皮子发麻。黑牤子听不惯，边翻白眼儿，边上了槽头，脑袋够向鸟笼子，喷倒嚼出的草料渣子。

那天下晌，黑牤子不知为啥事儿，正独自喘粗气，转白眼珠子。我进了牛棚，鹩哥改口了，不说："老板来了。"而是大喊："黑牤子，黑牤子，牛贩子来了，牛贩子来了！"

黑牤子一哆嗦，眼睛一闭，忙把脑瓜藏在槽头下。等了一会儿，没啥动静，它抬眼一瞅，来人是我，压根儿没在乎，挣开缰绳，抬起前腿，后蹄子咔咔铿地，人一样直起圆滚滚的身子，想顶鹩哥。

鹩哥撩骚，能请神不能送神，吓得乱蹦乱跳，撞开了笼子门，飞到房梁上。稍停了几分钟，它看老牛倌过来了，有他罩着，立马胆儿肥了，乍翅落在黑牤子后胯上，它俩儿相互打量。

牛和鸟一样黑，黑得跟烟袋油子一样，一个翻白眼仁儿，一个翻黄眼仁儿，翻来翻去，谁也不吭声。

下了几场雪，快到年底，领导来了。领导戴眼镜，文气，有学问有修养的样子。

领导很亲切，走在头里，边瞅边问边听边……有的牛懂规矩，脸向上斜仰，下颏对着人，像外国军队在接受检阅。

路过黑牤子槽头，它瞅见了领导的鞋。鞋是皮鞋，踩在过道的石灰上，噗噗朝两边冒白烟，可照样油光锃亮。

黑牤子一斜睖，眼仁儿全都翻白了，只留一抹儿黑蓝在眼梢上。我的心一紧，脑浆子都嗡嗡的，刚想上前，黑牤子张开大嘴，噘的一声，喷出一泼草料渣子，粘粘叽叽，糊满了领导的鞋面子裤脚子。

牛的草料里，掺了酒糟，一股酒酸味直打鼻子。领导没生气，拍拍牛脑门，说:“这牛很像阮步兵。”

过后，牛倌问我：“啥叫阮步兵？”我真想踹他一脚。

（四）

听说骆驼、羊驼啥的，瞅谁不顺眼，就朝人吐口水，咱没有经受过。

牛，反刍。吃饱后，就不消停，把胃里的草料呕回口腔里，错着槽牙嚼，磨磨叽叽，嚼一回得三四十分钟，消磨不少时间。

灰牤子养成个毛病，不对心思，张嘴就喷草料渣子，咋教育也没记性。

牛倌小张是新手，初来乍到，干活卖力气。瞅见灰牤子缰绳短，吊着脑袋睡觉不舒服，就给它换一根。灰牤子不知好歹，烦人家打扰自个儿倒嚼，嘴一张，草料渣子喷了小张满脸，只剩下两眼珠子转悠，酸腥味热烈，轰跑了周围的蝇子。小张直发愣，问：“牛都这样吗？”差点走人了。

老牛倌养的鹩哥，见人说人话，见鬼说鬼话，一见我进牛棚，就扑闪膀子，甜着嗓门叫：“老板来了，老板来了！”还边叫边跳，它的爪子要是好使，准能拍人的马屁。

我摘下鸟笼子，想静静，让鹩哥到牛棚外凉快一会儿。打灰牤子槽头经过，它呆得好好的，冷丁儿一口吐了出来，粘糊糊黄酱酱的浑浆子，糊了一鸟笼子。叫得正欢的鹩哥，声儿立马哑了，连吓带熏，差点背过气去。

我们院儿的酒房，年头长了，像矮了一截儿。外来的人，嫌上茅房远，腿懒，常跑到酒房后墙根儿泚尿。尿水子加雨水雪水，连轴地泡，墙根的砖酥了，掉渣儿，麻麻赖赖的。牛专门到这儿舔，得意尿碱味儿。

酒房的工人骂："屌要是刺挠了，搁墙上蹭蹭。"外来的人听了，不言语也不生气，照常去尿。有成伙儿的，就比试，看谁泚得远。泚得近的，就挨涮："保准昨下晚又种地了。"

一旁的牛们，使劲听，耳朵边子直忽扇。正唰唰舔的灰牤子，眨巴眨巴眼珠子，咕咚咕咚嗓子眼儿，走上前，张开嘴，噗地一声，砖沫子喷薄而出，又疾又准，紫红了人家整个下半身儿。

人家来找我。我说："没招儿，这牛就这德性。"

（五）

牛跟人一样，也常打嗝。

打嗝，谁没有打过呢？有嗝了，得打；要不肚子里有口气儿，直窜哒，咽不回去，人难安稳。

圈里的老牤子，下过死力，肩胛骨上都没毛了，露出灰秃秃的死皮。它嗝打得不一般，将要打嗝的时候，先是前蹄子蹬上槽头，支起身子，勾紧脖子，半张开嘴，拉好架势。然后，嗓子眼一松，开闸一样，冒出一串响动，空空的，长长的，干哕，又哕不出啥东西，全是酸馊味儿。

牛贩子来了，呼号儿的，挨个牛瞅，掐脖头，掐脊梁，掐屁股蛋。牛们心焦目乱，胆儿没有针尖大，一个劲朝后缩缩。那几个翻白眼的、爱吐沫子的、常亲嘴的牛，也都老实了，鼠眯成了肥耗子。

轮到老牤子这儿，唯独它有精神头，预备好了后，身子骨一抽抽，打起了嗝。嗝响，震得牛贩子白眼仁直往上挑，半天才缓过神儿。他叼起根烟，连手都没伸。他铁定了心，以为这牛肚子里，压根儿没有五脏六腑，全是空气。

我心里有数，撺掇牛贩子："这牤子虽老点儿，可肉实成，抗槽损，价儿好说。"他直摆手："别的，别的，大哥，这牛坨儿大，怕是气儿吹的。"

我常在牛圈里喝酒，翻书。酒喝潮了，耳朵钝，牛打几个嗝，没关系，随意，听见当没听见。可翻书不一样，得走心，喜静。

牛们懂事儿，大都不出声，顶多叫个哞儿，打个鼾儿，犄角撞个响儿，听惯了，不入耳。

老牤子来了花样，打嗝。有嗝就好好打，没人拦着你。一般的嗝，"咯"一声就完了，而它不，"咯"后还带个"哦"——"咯哦"，再"咯哦"一声。

我心乱，肚子里往上顶气，直干哕。站起来瞅，老牤子脑瓜猫在槽帮子后，没动静了。那就坐下来翻书吧，刚几页，又"咯哦"起来，一连串，拖着尾音。我再站起来，声儿又住了，此时无声胜有声。

我拿听诊器，贴紧牛肚皮，听了老半天，胃蠕动正常，横膈膜也不痉挛，没啥毛病。

我把老牤子拽出圈，天上没月亮，没星星，没云彩，只有黑。老牤子没了嗝，哈欠连连，卧下睡觉了。

小溪

一条小溪，无名，亦无头无尾。它平躺身子，削肩束腰，谦虚地流。

弱水潺潺，大音稀声，需倾耳聆听，方显流动的快活。午后，微醺，我坐在溪边，静若钓翁。

溪对面，独有株榆树，侧身向水，树干斑驳，枝桠暗褐，已很老了。春天时，我看望过它，枝头爆满芽苞，青春痘一般，如年轻的小伙子。

眼下，浓荫蔽天。叶缝间，骚动些许，滤出鸟鸣，滴滴如雨，在水面坠成回响。一枚鸟羽飘落，成了轻舟，载几只蚂蚁，水上漂流。后随一瓣榆叶，椭圆，像一尾胖了的小鱼，懒懒地晒着日头。

溪水清浅。白色及褐色的沙子们，洁净晶莹，粒粒相拥，亲亲密密地挤满水底，一副与世无争的模样。有两条小鱼儿，眼珠子溜圆，嘴对嘴，正热吻蜜语。一只细虾，通体透明，弹跳无痕，却扰了鱼儿，它俩儿一东一西，踪迹渺然。

软风怜惜，水平如镜。于是，轻灵来几只浮虫。这种虫子，形同蚊类，翅极薄，腿极长，身子极小，瘦得令人心疼。它们是水之精灵，以水面为冰面，静若处子，动若箭发，流星般滑行，人看得眼花缭乱。儿时的我们，常设计捉它，从未如愿。水之精灵，不可亵玩，只许静观。

浮虫滑过，水生细皱，弧形漾开，转目即逝，便不由想起蜉蝣。《毛传》上说："蜉蝣，渠略也，朝生夕死。"蜉蛴薄命，人皆所憾，我未曾相识，很值得花些时日，寻求一番，与之对话。

只一会儿，浮虫又滑了回来，端详我的鞋尖。鱼儿也凑到近前，戏耍摆尾，搅碎了虫影。浮虫和鱼儿友爱，一上一下，相敬如宾。先前，我的心已空悬，忧鱼儿吃了浮虫。

鱼儿杂食，沾荤腥。记得，在海南的一家宾馆，泡温泉时，遇到一种小鱼，叫亲亲鱼或星子鱼。它们二三厘米长，却本领高超，擅鱼疗，专咬人身上的死皮和真菌。人信服，浸于水中，恣意享受。

我心动，想宠自个儿一回，便把脚伸进水里。水急切，抱我一下，似久违的亲人。鱼儿们惊了，四散；接着，聚拢过来，鳞光闪闪，小嘴一张一合，铆劲儿撞我的脚、小腿。嗬，好痒痒的，刺挠到人的脑仁子，赶紧抽了出来。如是反复，两三次后，竟适应了，就成了享乐，独乐乐及众乐乐。

几条更小的鱼儿，嗖嗖往前窜，肚皮银白，似小刀割破了水，挤得大点的鱼儿，直歪歪身子。它们正年少，年少总是霸道，总是占便宜，有用不完的活力。

两只蓝蜻蜓，翩翩而至。它们嘴衔着尾，双双起舞，舞姿轻盈，曼妙于水中。于是，这一对儿慌了，点着另一尾尖儿，打捞彼此的倩影；而更多的倩影落下了，水鲜活，遂成小溪的点睛之笔。

小溪，性子柔，可喂养的草野，欻尖儿卖快，恣蔓铺张，渲染着远古的绿。草，绿意盎然，托几枝胭红，是喇叭花。喇叭花，又称牵牛花，开在水边，少见。花多情，幽香绵绵，蕊吐万语千言，不嫌水边风景太挤，要牵一头牛来。

牛来了，哪是一头，而是一群。牛晌午时，早喝饱了，这会儿见到水，又要喝，像是水欠了它们似的。牛喝水，水轻颤，却从不见少；要是少了，水讲面子，立马补上。

我已喝过啤酒，没走动，竟渴了，并圆拢起双掌，在牛唇旁舀水。我本打算也俯下头喝，没敢，一来费力，二怕牛瞧不起人，三在乎牛说我嘴脏。

喝足了，溪边大静。随软风指点，若有若无间，草茎抻着腰，在滋滋拔节；曲蛇（蚯蚓）开始低吟，神秘而鬼祟，恍如天籁。那水中的鱼儿，砰小小的心跳，频率虽微，亦轻叩我的耳鼓，回响缥缈。

牛们凝神，注目于水中的影子。牛色盲，枉秀了一双爆眼。倘若识别斑斓，白牛会欣赏自个儿的白，讨厌黑牛的黑；黑牛会欣赏自个儿的黑，讨厌白牛的白。红牛和黄牛呢，也会一样，孤芳自怜。至于黄白花、红白花、黑白花，定将烦恼，怀疑自个儿的前世今生，累得眼珠子发蓝。

我喜欢的白牤子，目光暗淡，摇晃身子，直犯愁。水，诚实，不说假话。它的影子滚圆，厚实得像堵墙，这离出栏的日子，近了。

还有的牛，边倒嚼，边呆呆地瞅，寻寻觅觅，想探望前辈的踪影。牛一茬茬来，一茬茬走，无可奈何花落去，后牛哪闻前牛哭。溪水长流，微澜不惊。在它怀中，牛无黑无白，无红无黄；也无胖无瘦，无前无后，皆是好影子，好过客。

小溪的斜对面，上游，跑来只野兔。它摆着小尾巴，顺着大耳朵，不瞅人，也不瞅牛，自顾自的，把水喝得咕嘟咕嘟响，恰似小溪的主人。

我独坐，独坐自个儿影子的边缘，便又掬水一捧，慢啜细咽，否则暴殄天物了。水，入口清冽，转而回甘，润喉涤胸。去尘世的凡思，添消魂的超然，则人已欲仙，浮于水气之上了。王维说得好："我心素以闲，清川澹如此。"

此时，花牤蛋儿跑来，送我一支菊花。拈花于手，暗香盈怀。牛犊儿小，静，受不了，一仰脖，“哞”地叫了。我想抓把水，堵住它的嘴，手却抱其脑瓜，压低嗓门，劝勿聒噪。要叫，也就三声两语，抒抒情而已，切勿扰了水一方的清静。在水一方，人淡如菊，牛淡如草；脱胎为云，换骨为雪。

花牤蛋儿听话，趴下身子，下颏枕我腿上，睡了。小溪蜿蜒，路在远方，是它梦中展开的情节。我掏出本子，垫在牛脑门上，想啥写啥，闲情命笔漫成章。

> ——我曾骑牛，沿溪水而行，百转柔肠，途经几多放过牛的地方。每到一处，即俯身探视，拣拾起以往的脚印。以往的脚印，深深浅浅，零零碎碎，但也是文字呀，理应好好拣拾起来，洗炼为细节，俗话于拙作，敝帚自珍。
>
> ——放牛，实则放牧心境，需读风雨霜雪，需阅花草树木，需与山水相伴。水乃人师，教你清澈的语言，沉实的品性，豁达的胸襟。这样了，依然不够，还需四分老庄的淡泊，三分沈复的逸兴，二分东坡的豪放，一分自个儿的担当。如此十分的修行凑成后，且可放牛。放牛，边修边行，行以致远。
>
> ……

刚涂抹几段，猛地牛们闹腾了。白乳犊撒娇，一反温顺，蹿进了水里。它一袭素衣，踏波而驰，恍若凌波仙子。花牤蛋儿也醒了，跳起来，打了个旋儿，松开四蹄，紧跟不舍，鲜活了天地。一时间，水花盛放，水珠飞玉；水中天浑了，水里鱼没了。

水依旧是水，清者自清。一根烟功夫，小溪见底了，亮澈得妩媚。水中，映着云。云，边散步边变幻，有一朵出落成了牛，有角，腰，腿，还有尾巴。牛们忙乎，望一眼水中云，又望一眼天上云，嘴咧咧，眼眯眯，笑了，愿了自个儿的所愿——苦等至今，情痴而始真。

倏忽间，天色向晚。水中的云，挂了彩釉。那朵牛样的云，炽烈得耀眼，像掺了水的血，揉了烟的火。云，随着溪流，像在追赶什么。讲文化的人爱说：彩云追月。彩云追月，我瞅过，瞅不清楚，灰秃秃的。彩云追日，倒多见，它们性子急，常把日头追到山背后去。

到这时候，我和牛打点心情，该回家了。花牤蛋儿总回头，依依恋恋，眼中漾着水。

水，拾不起来，也带不走——爱的东西，离得远点儿好。

鸭子

放牛，走了半截儿，发觉烟不足性，便拐进一屯子。

领头的白牤子，洞悉我的心思，带着牛们往前颠，它认识小卖店。屯子的小卖店，门口人聚堆儿，大多抽烟的，扯淡的，晒阳阳的……

晒阳阳的，多为老人，皆眯着眼，打着盹儿，不动声色，一副听天由命的样子。日头亮着脸，在夸：足矣，此等的好暮年。以往，牛们经过，会放慢脚步，怕惊扰他们。眼下，牛瞅见老人的身影，小卖店有了准头，步子快了。

一群鸭子过道，“嘎嘎”地闹吵。它们忽闪膀子，踱悠踱悠，像助跑，要飞，却又飞不起来。一肥鸭，披件麻袋片子，大摇大摆，愣是踱悠到牛蹄子下，给踩死了。

六月的鸭子，蛋茬子厚，从鸭屁股挤出来，黄澄澄的，紧贴地皮，摊了一溜儿，成了印象派的画。

在家禽中，我顶烦鸭子。那天，要回城里，穿了双新皮鞋。刚出牛场门，路过只鸭子，“哧”地窜了泡稀，恰巧泼在鞋面上，涂得花哩胡哨。人，恶打胆边生，一脚，鸭子会飞了，等落了地，却咽气了。细打量，正踢在嗉子上。嗉子开了裂，露出稻粒子，湿乎乎的，没沾一点血汁儿。烦极生厌，我鸭肉不动；可咸鸭蛋诱惑，黄儿油沙的最好。

另一回，我们拉牛，车刚动弹，鸭子们忙朝两边跑。但没几步，又掉头回来，钻进了车底下，吓得人一身冷汗。就赶紧刹了车，它们却打车后露出了头，乍开膀子，死命地叫。刹车猛，有的牛磕坏了，得掉价，只好卸下来养伤。

再说了，鸭子，也遭牛膈应。它们常访牛棚，主人一样，贴着粪沟底儿，呱哒扁嘴丫子，滤了一遍又一遍，搅得蝇子回不了家，直往牛鼻孔里钻。有时，槽子放了水，鸭子们穷欢乐，由着性子，吃喝拉撒。水埋汰了，牛气哼哼的，叼起个一甩，撞到了房梁上。牛倌给炖了，香味扑人，熏的牛直齁喽。

我心旮旯有点灰，不咋厚道，牛踩死了鸭子，偷着乐儿。但偷着乐儿归偷着乐儿，不乐呵的事儿，立马到了。

鸭主人，是个老太太，估摸六七十岁了。她，打扮隔怪：留两细辫子，白里泛黄，扎根绿头绳；戴一粗线帽，烟灰色儿，还啷当着个红绒球。大热天里，衣服领子翻翻，大圈套小圈，像穿了一件件往事儿似的。冷丁儿一瞅，就难招惹——邪魔鬼精的“老幺蛾子”。

老太太“噗”地一声，泚了口痰，不偏不差，粘在白牤子眼皮上。问：“咋赔？”

“你给个数？”

“少一百不行。”

按市场价，这鸭子，也就值二三十元。多，也多不到哪去。我还个口儿：“给五十吧。”

“别寻思，哪凉快，上哪呆着去。天热了，正赶上连蛋，蛋一吐噜一吐噜地下，你说能值多少钱？”

“要不，找村干部吧，报警也行。”

看热闹的人，随帮唱影，加纲儿勾芡儿，一哄声的，胳膊肘子朝里拐。我舌头打锛儿，脑浆子嗡嗡的。死耗子，不能可猫玩。一着急，竟想起来了，认识本屯的牛贩子，忙打了个电话。

那牛贩子仗义，大包大揽，说交给俺了，能摆平。他让我，把手机给老太太。老太太接过去，闪一旁，唠着唠着，翻了脸。撂下手机，她一个高儿，蹿到粪堆上，拽下帽子，扯开衣领，掐着腰，跺着脚，骂——

装啥牛逼呀，装！找村干部能咋的，他们算个屌！警察来了又怕啥，他们当个屁！可再别提那倒腾牛的了，连亲爹都骗，他又充的是哪根葱！轮谁，也轮不到他这小王八犊子来乱炝汤……这日子，没个过了，纯他妈的过反盆了，外场的欺负坐地的，臭老爷们祸害孤老婆子，大伙儿瞅瞅哇，俺上哪儿说理去啊……

她的鸭子们，来了精神头儿，也上了粪堆，围在老太太脚下，脖子一伸一缩，“嘎嘎”地起哄。一鸭子没站稳，轱辘下来，仰在白犍子蹄夹子上，直扑腾。牛瞅了瞅，腿抖嗦，不敢动弹。

各家的大门开了，探出的人脑瓜，像挤出菜园子的西葫芦，东一个西一个。树上的家雀儿，站了一溜，枝子都压弯了，吱吱喳喳，似在议论是是非非。

我窝火，暗骂牛贩子，你摆平了个鬼？让你帮着擦屁股，倒好，自个儿拉了一地粪泼子。

到了，几位老人出了面，连哄带劝加吆喝，赔了八十元钱。搁人家的一亩三分地，吃亏算福，认栽了。

出了屯，烟瘾上来了，顺手捋下一柳叶，塞进嘴里嚼。叶子酸涩，吱吱地喊痛，且汁液黏稠，咽不下去。

牛们跟着我，耷拉脑瓜，囊巴囊巴地走。摊事儿了，牛都低了头，人还差啥呢？

牛干的坏事

（一）

牛胖了好看，如大唐的马，丰胸肥臀，可谓盛世景观。

那天，我牵大灰牤子上秤，看又长膘多少。秤盘虚，不实成，踩上去直晃悠，牛心里没底儿。它前蹄子上去，后蹄子不上；后蹄子上去，前蹄子下，乱蹦乱跳，踩死了看热闹的一只鹅。

领头的公鹅急眼了，跟我记了仇，一见面，就追着撵，想让我偿命。一天，它瞅我进了牛棚，便猫在门后，等我一出来，“哈依”一声，鸽住我的裤角，张开膀子扑腾，满眼鹅毛。我抬起另一脚，死命一踢，正好踢到大灰牤子跟前，它一蹄子下去，鹅肠子打腚后挤了出来。

槽头边上的白牤子，是个秃头，笼头小了，我给它换。它不怀好意地瞅了我一眼，一蹄子踩在我右脚尖上。可怜我的脚呀，曾叫各种各样的脚踩过，头一回让牛踩，而且是有意地踩。脚趾头不疼，麻酥酥的。可恨的是白牤子不松蹄子，歪着脑袋，满脸轻松，好像在笑，笑的遮遮掩掩。

我使劲推它，它和我较劲儿，纹丝不动。

我又使劲拔脚，牛双蹄夹子，一边着地，一边焊在了我脚尖上。

我红眼了，伸手掐住牛鼻孔，掐！往死里掐。白牤子一撅搭，松开了蹄子。

多亏我穿的是棉鞋，感恩冬天。回到房间，脱下鞋一瞅，除了小脚趾盖外，其它的都青紫鼓胀，像四个大黑葡萄；趾甲缝也冒了血汁，鞋窠子里五味杂陈。到这时，我才感觉疼，火烧油燎，张开嘴咝咝抽冷气。

我一瘸一拐，颠到牛棚，把鞋捂在白牤子嘴巴上，拿鞋带系在它脖头，让牛好好反省人鞋的味道。

接着，又招呼牛倌，把白牤子捆在铁架子上，削它的蹄夹子。一刀，一刀，露出了嫩肉，好几天没敢着地。我解恨，你玩我，我还玩不过你。

俗话说，人要倒霉，喝凉水也塞牙。我脚趾头刚长出新趾甲，在院里走，走平道，却把脚脖子崴了。脚腕肿得比腿肚子还粗，肉皮子似抹了层油，锃明瓦亮。等脚腕刚好，右脚小趾头，又叫牛棚门掩了，连鞋都不敢穿。

脚上没完没了的伤，闹心。我不信啥儿，可觉得不一般，跟白牤子那有意踩的一蹄子紧密相关。

我纳闷，自个儿啥时得罪了白牤子。

（二）

兽医老张头是个瘸子，可大伙儿都不叫他瘸子，叫“二尾（yǐ）子”。他为啥成了二尾子，听说是让牛踹了，正好踹在胯当间，裆里的东西化了。

牛，不像马、驴、骡子，它们会尥蹶子，踢人。牛尥蹶子，有，但极少，身腰笨，屁股太沉，腿抬不起来。牛讲究打旁拐，后腿斜着踹出去，稳准狠，能要人命。

老张头挨踹，是在给牛打针的时候。牛小心眼儿，烦人朝它身后凑，担心干背着自个儿的事儿。

老张头跟牲口缠巴多年，自觉道行深，明晃晃拿着针管，大大咧咧的，走到牛屁股后。还没等举起针管，牛早有防备，一个旁拐，踹正着了，差点没把他踹得贴在山墙上。老张头捂紧卡巴裆，哼都没哼出一声。这牛缺德，缺大德了。一旁拐，把个男人踹得后半辈子抬不起头，把人家老婆也踹没影了。

这件事儿，过去了十多年，在养牛的人看来，似乎就在眼面前。

有一回，在集上，相中了一头架子牛。我绕到它身后，瞅屁股方正不方正。牛回头，剜睖我一眼，刚想抬腿。我一转身，背对着它，脚朝后斜着一踹，正好踹在牛小腿上，震得脚心发麻，差点顺势跄个前趴子。

平常牛踹人，少见人踹牛。牛贩子们起哄，说：“大哥，牛，你真牛！”我忙摇头：“牛不好，瞎牛。”

这头架子牛进了圈，也不老实。兴许是打旁拐磕了，或许起身时叫砖地硌着，它的左后腿关节鼓出了个疙瘩，足有红萝卜大。我拿手指尖摁了摁，软囊囊的，化了脓。看样子，得给它动动手术。

牛捆在架子上，跟上刑场似的。我端来个洗脸盆，里面倒了半下 60 度的“小烧”，泡刀子剪子镊子什么的。我先用块抹布，蘸上小烧给它擦了擦，消消毒；接着，握住从酒里捞出的剪子，唰唰几下子就绞开了脓包。只见红的血水黄的脓汁儿，翻着沫冒了出来，腥叽叽臭烘烘的，连辣得呛人的小烧都压不住，干呕得我眼睛里，窜出一串串金花子。

架子牛疼得直哆嗦，成溜儿的汗珠子哗哗淌。它挣命地扑腾，捆着右腿的绳子折了，隔着铁架子，朝里一蹄子斜踹出去，踹在我小腿上。绝了，这牛不但会打外拐，居然会来“里拐”，踹法全着哩，没见过。好在是里拐，别楞，劲儿不大，那我的小腿也青了，疼得站不住脚。我的脚让牛踩了，这回腿又叫牛给踹了。

这牛良心坏了。可再生气也没法子，病还得治。捆好牛，我找把椅子坐着，继续干。

脓包里的肉瓣子，烂得粘粘乎乎，我拿刀子，一点一点地剜下来。我再用小镊子，夹着棉花团，蘸了小烧又蘸消毒水，给它轻轻洗伤口，嘴里还咝咝儿地往上吹着气。

架子牛扭过头，努着红眼珠子，盯着我的腿，没再挣。或许它明白了：虽说我手术的手把儿，不咋地道，不咋人道，也不咋牛道，可我是为它好，它领我的情。

（三）

记得，多年前的《人民文学》上，登了一首诗，叫《牛头多生两只角》，是名家写的，以前引用过，现依旧抄录如下：

牛儿好，牛儿好
能贪黑来能起早

拉犁拉车不辞劳
艰苦朴素只吃草

美中不足有一条
头上多生两只角

牛头上长角，正常，在诗人眼中，定有自个儿的说道。

我窃以为，牛长角，除了自卫，斗狠，称草头王外，再就是跟人过不去。

眼下的牛，犄角多是平长的，短粗；少有弯的，并挑着尖儿的。

圈里的肉牛，总闲着，骨头缝松了，肉腱子懈了，瞅着懒洋洋的。可为点小事儿，比如争草料，争睡觉卧子，争上槽头舔灯泡啥的，就一声不吭，歪着脑袋顶，犄角磕得咔咔响。

一头牛输了，前腿给顶了个口子，肉皮子翻翻，有红有白。它歪下头，一舌头一舌头舔，跟人数钱一样，特上心。惹祸的牛，知道自个儿干了坏事儿，斜睖着眼，瞅牛倌手里的料棍。

年根底下，赵家屯的赵三子家不顺，横祸上了门。

该喂牛了，赵三子把草料倒进槽子，用料棍扒拉均匀。一头大牤子，原本吃得好好的，像叫鬼掐了，抽冷子顶了一下，犄角插进赵三子的胸脯，楞给他举了起来。

赵三子懵了，下了狠手，抓住房梁挂的镰刀，向下一钩又向上一搂，把牛脖子划开了。人和牛身上红鲜鲜的，分不清是谁的血。

赵三子他惨了，肋条折了两根，肺子穿了孔。我去医院看他。他喘气带着嘶嘶的音儿，嘴里不时吹出气泡，色儿粉红，像花的骨朵，只是没开就蔫了。

我攥住他的手，想跟他笑一下，正经八百地跟他笑一下，可脸僵硬，嘴咧不开。使劲咧，嘴又咧大了，感觉嘴角扯到了耳根子，像牛要顶人时，龇牙咧嘴的样子。

年后，赶头一场集，买了头牛。可走眼了，是头没长开的“疙瘩牛”。

回到场子，我边转圈掐咕它，边摇头，谁让咱贪便宜，眼珠子叫牛蹄子踩了呢？我准备给它过过秤，知道下斤两，心里好有个数。

刚上秤时，牛还觉得挺新鲜，听人的话。可等一站稳脚跟，它就犯开了浑，一屁股坐在秤盘上，不站也不下，支着两条前腿直错身子，耍开了磨磨丢儿。地秤盘子给晃悠的，吱吱咯咯乱叫唤，一时看不准秤上定斤的星儿。

我正低头，忙活着稳当秤砣。哪料想这疙瘩牛，身腰猛地竖起来，脖子一勾，头一甩，犄角画了个弧儿，倏地擦过我的脑门子。多亏我闪得快当，朝后坐了个腚墩。这下子墩得可好实成，麻酥酥的，打尾巴骨震到后脑勺，眼前一片漆黑。伸手一摸，眼镜刮飞了，镜片裂了一道横纹儿。

过后，我细瞅瞅疙瘩牛的犄角，后怕得一裤裆冷汗，能摸出个蛤蟆来。嗬！这犄角长的，快赶上大象的牙啦；这犄角尖的，锯下来能当纳鞋底的锥子使。

再照照镜子，我的额角给划破了一道血印子，正好在右眼眶的上头。要是没镜片挡着，我的眼珠儿就得成肥皂泡，我只能拿一只眼睛，来秤这个世上的份量。要是躲得不快当呢，我的脑瓜儿就得成血葫芦，我的身子就是捧在手上，也掂搭不出有多少斤两。

（四）

我让牛踩过，踹过，顶过，还让它们给勒过。外行人听了，会摇头，牛没长手，咋勒人？

那天，是牛出圈的日子，我们往车上装牛。牛多，跟车的小工们，也帮着牵。

牛不认识他们，更不乐意上车，连门槛都不迈。牛听我的，可我不忍心牵疙瘩牛，解开拴在槽头的缰绳后，就交给了小工。

疙瘩牛，天生的犟劲又上来了。喉管里咕隆咕隆响，浑身的肉一疙瘩一块儿地抖，四蹄锉地，屁股死命朝后蹲，拉开架势，跟几个男爷们拔开了河。

恰好，屯子里的黄老四，来我们酒房打酒。他热心肠，上前抓住了大绳头。拽牛的大绳长，有几十米。黄老四没经管过牛，怕拽不住，把绳头子缠在了胳膊上，还缠了好几道。

疙瘩牛腾地一下，转过身，铆足劲向前挣。大伙儿不服气，胳膊还能拧过大腿？朝手心里吐了口唾沫，咬紧牙根儿，身子一起往后仰，凶巴巴使出了牛脾气。

疙瘩牛用槽牙咬住绳子，低下头，梗紧脖子，迸出一股猛劲儿。大伙儿脚后跟空了，踉踉跄跄，跟着牛跑。倒霉的是黄老四，胳膊上缠的绳子撸紧了，勒出了一道道紫红的印儿，有的地方秃噜了皮。幸亏大伙儿没撒手，要不他的胳膊就得废了。

我摸摸兜，里面有瓜籽，掏出一把，递给疙瘩牛。它伸出舌头，卷进嘴里，边咔吧咔吧嚼，边跟我上了车。

有一回，后半晌了，我喝了点酒，头大，瞅见牛倌们正卸车。牛刚从沟里拉回来，野性，认生，死活不肯进圈。

我来了精神头，趁牛倌们歇气儿，便一手拎着个啤酒瓶子，一手上前拽牛。牛不听话，朝前跑，我紧跟着。拉链坏了，用麻绳扎住的迷彩服，被风迎得鼓了起来。眼看跟不上趟儿，酒后机灵，把大绳缠在了树上，倚着树大喘气。

牛立住脚，瞅我，估计是在翻腾啥坏心眼子。我攥紧绳子头，怕绳子开了，这个生荒子散撒惯了，要是跑了，连影儿都逮不着。

我搁了一大口啤酒，暗地夸自个儿：人不是牛，没牛的劲大，硬拼，劲儿不能这么使。我平时笨手笨脚，就算再笨，是个傻子，跟牛一比，也不见得有多笨了。我得慢慢熥，消磨你的性子。

这时，牛不知咋想的，松开四蹄，龇着牙，还咧着嘴，绕着树跑。我还没明白咋回事儿，绳子跟长了手似的，一圈一圈又一圈，缠在我和树身上。有一股勒得紧，勒得我满眼金星，出溜出溜往外窜，刚喝进肚里的酒，也喷了出来。

别忘了，我手里还拎着啤酒瓶子呐，往树干上一磕，下半截碎了，攥住瓶脖子，往牛身上扎。牛边闪身，边打旁拐，朝死里踹。半拉瓶茬子尖溜，贼亮，它不敢太靠前，我算躲过了一劫。

牛倌们一边乐，一边抓住牛犄角，换了根绳子，把它拽走了。

香牛

(一)

有一头牛怪了，身上出了香味儿，隐隐绰绰，幽幽地叫人抓不住。

我趴在牛身上，憋住气，使劲闻，细细品，像是“黄瓜香”的味道。品长了，味儿觉冲，冲得人脑仁子清爽。

黄瓜香，五六月份冒芽，跟蕨菜、婆婆丁、柳蒿芽、老桑芹、小根蒜一样，是一种山野菜，属蕨科。它和蕨菜长得像，茎挺，叶卷。只是黄瓜香叶宽，有黄瓜的清香，炝吃最好，也可入药。

我晕乎了，这牛邪性，成天在粪尿水子里打连连，臊叽叽臭烘烘的，咋就偏跟黄瓜香过不去呢？我顺手给它根黄瓜，它脆生生嚼。真不知道，这牛的肉带不带黄瓜香的味儿，要是有，人保准糊涂。

远处的山脚下，有小河淌过，两岸的黄瓜香稀疏了，暗香如故。我想，难道是黄瓜香们的魂儿，不安份，随着风，跑进牛圈，钻进了牛身子。几只蜜蜂来了，几只蝇子也来了，嘤嘤嗡嗡，嗡嗡嘤嘤，落在牛脊梁上。蜜蜂成了蝇子，蝇子成了蜜蜂，搅合在一块儿闹，烦得牛一个劲甩尾巴。

圈里，旁的牛都欺负它，兴许嫌它的味儿别扭。就像人瞅人，有的天生就合得来，有的一辈子也凑不到一堆儿去。

其实，牛们压根儿就分不清自个儿的味儿。

牛们跟我挺对心思。我身上沾了牛粪味儿，就把人味儿遮住了，牛乐意近你的前儿，跟你起腻，跟你热乎。

这牛“格路”了，长得慢，球球蛋蛋的，照一块堆儿的牛，小了一大圈。牛要是出彩了，想不卖自个儿都不行，一个宰牛的拉走了它，听说没出多少肉。

后来，我问过当兽医的朋友，说：牛身上有香味儿，是得了酮代谢障碍症，不属于常见病。

（二）

外出几天，刚回牛场，院里闹哄哄的，原来前屯的老赵来了。

老赵这人隔怪，干啥事一根筋，认死理，十里八村都传扬，一提他直撇嘴。

旁人家的牛圈，使电灯，瓦亮。他不，点油灯——豆油灯。油灯是黄铜铸的，金光灿灿，形似现时的奖杯，搓棉条作捻子。要是我猜的不错，陆游“幽人听尽芭蕉雨，独与青灯话此心”里的“青灯”，就是这个玩艺儿。

这灯不亮，真不亮，古人所说“青灯如豆”，此言妙极。牛躲在灯影下，晃晃悠悠，忽明忽暗，面目全非，一副鬼的模样。

老赵讲：“油灯是老辈儿传下来的，曾用它照亮儿，养过红狐狸，活着供上去，给宫里作皮袄，这才攒下俩儿土瘪钱。”我不信，问：“早年间，兴家养狐狸吗？”他嘴硬：“搁山里套了，送京城前，得放家困一阵子。”

前些年，老赵没少穷折腾，走南闯北，参加过多家培训班。养过蝎子、王八、盖盖虫、水耗子啥的，到了，都打了水漂。

接下来，养猪。饲料里加瘦肉精、安眠药，猪吃了睡睡了吃，长得招人眼红，却让人家查出来了，罚了不少钱，差点卖房子卖地。

眼下改养牛了。他不知在哪儿，淘弄个方子：喂尿素，一顿掺二两，喂后两小时饮水。结果牛是胖了，滚瓜溜圆；可血淡，肉喧，纤维粗，心肝紫黑，就都窝在了圈里，白瞎他那透落劲儿。

老赵耳朵灵，听说我们场子有头香牛，来精神了，拉来头“打栏”的乳牛，要借种儿。他想，想得美：牛下了犊，是小乳牛，就留着繁殖；要是小犴蛋子，就育肥，肉香，好卖，价儿高，蝎子粑粑独一份儿。

他给牛倌一盒烟，借香牛使。牛倌不在乎，牛闲着也是闲着，爬个牛算啥，爬人都无所谓。

我劝老赵：“甭当真，能成吗？换头好犴子吧。”他直拍胸脯，说：“我有数！”真是咬住屎橛子，给根麻花都不换。

（三）

听说我们场子的牛，有香味儿，跟刮了阵风，屯里屯外传开了。

大伙儿跑来，围着牛，猛抽鼻子，累的只有吸的气，没有出的气。牛是我养的，日子长了，不用靠前，黄瓜香的味儿就在鼻前抓挠。

我不地道，乐呵呵告诉他们：“蹲下闻，快蹲下闻。”牛肚皮埋汰，嘎巴扯叶的，臊臭无挡。可他们说：“味儿冲，闻着了，闻着了，跟蝴蝶湿了膀子，味儿直往下坠。”

牛有香味儿，属新鲜事儿，传来传去，今儿是风，明儿是雨。

屯子的一个妇女上心了。她家摆“堂子”，供“黄大仙儿”。人一上心，就产生灵感，就得找别的人说。几个妇女插上门，盘坐炕上，一阵瓜籽皮横飞，形成了共识。

于是，平地鼓浪，屯子里暗下起了风声。

——老辈儿说：地上有几户人家，地下准有几窝黄皮子。人腾达了，闪神儿；黄皮子也一样，成了气候的，那就是“仙儿”。牛场那院儿，原本有窝黄皮子，没搬走，一直呆在那儿。等牛场干大发了，它们当家的也老了，脸上长着一抹黝黑，从嘴茬子连到耳根子，这不是得了“道”是啥？神通大了。

——有人瞅见，那天下黑，老黄皮子蹲在槽头，跟牛唠嗑。唠得正热乎，牛倌察觉到了，拎起料棍，隔大老远，撇了过去。那老黄皮子一扑愣，转过身，腚尻子一摇晃，照牛噗噗泚了一串臭屁，蹿上房梁跑了。那牛给熏了个跟头，当场迷糊过去，魂儿游走了，飘到北山根儿，没地儿安顿，就附体在黄瓜香上，要不咋和那山野菜一个味……

有人说：“牛香不好吗？赶明个儿圆了膘，大伙儿齐钱买了，宰肉，都尝尝新鲜。”妇女们忙扯他的嘴丫子，好一顿损搭：“别扯那犊子，快离远点儿，臭气拉烘的牛变味了，你以为是啥好事儿？是大仙儿作妖法给人瞅呢。有的人家，猪大油蒙了心眼子，就是好赖香臭不分，把这牛当宝似的。这回好了，谁招惹了大仙儿它老人家，那还了得……”

撇料棍的牛倌听了，头疼，拔罐子，脑门上一溜糊巴日头，整天囊囊不喘儿。

我舀了碗二锅头，冲！牛倌他几口搁了，立马换了个人。

他不知打哪儿弄到只死黄皮子，用料棍举着，满院子吆喝：“肃静啦！回避啦！黄大仙儿驾到……”然后，插在香牛槽头上。

牛见识短，不害怕，伸出舌头舔，把个死黄皮子造得戗毛戗刺，没个“大仙儿”样儿。

屯子里有知近的，来牛棚找我喝酒，掏心窝子劝：“大哥，钱儿花上它几个，赶紧抱秫秸，扎杆子，备红布，找个大红公鸡吧。”我问：“干啥？”“干啥？请大神呗，来破破，消灾除祸……”说完，他拍着槽帮子，敞亮嗓门，晃开膀子，唱了起来：

哎——
天连地，地连天，
小民夹在天地间。
食五谷，吃咸淡，
不知哪天哪时得罪了哪路仙？
今儿牛场有了难，
特请神仙来呀来呀来凡间，
来凡间——

一旁的牛们，随着唱声，飘飘摇摇的，像要腾云驾雾。我乐得一口酒喷了出去，呛满脸泪花，压根儿没当回事儿。

可有当回事儿的。场子的一个牛倌，一个酒工回家了。

鬼节

七月十五，是鬼节。鬼们有吃喝，可牛饿，得撒出去。

牛们无心无肺，埋着头，跟草较劲儿。草疼，沙沙地哭。

翻书乏了，便起身，溜达溜达。北山脚下，流一小溪，溪旁，为屯子的坟茔地。论地势，这儿高些，亡者住的地界，得压活人一截儿。

紧靠山根的，皆外来户的坟，散散拉拉，一堆一堆，远瞅像山踢出的土坷垃。

老户们的祖坟，占地平坦且大，方圆齐整。儿子给父亲顶脚，父亲给爷爷顶脚，爷爷给上辈顶脚，一代一代，长幼有序。大日头下，梯形排列的坟茔，未曾镌金的墓碑，横平竖直，成了一道风景，一种提醒——生之不息，死亦不止。

坟地的树，多为柳、杨和榆。树很粗了，叶儿厚、密实，撑起一片阴凉。有风拂过，枝梢婆娑，透过叶隙，一滴滴阳光挤了进来，满眼肃穆。要是树叶不动，或人迹渺无，肃穆便转为凄凉了。

空地上，草悠悠地长。油绿中，开些白花、黄花、蓝花，独未见红色的。花儿小，叫不出名字，缀在草丛间，像大街上难遇的微笑，让人心尖一暖一暖的。此时，软风窸窣，暗香隐现，该不是大地的呼吸吧。大地如母，呵护着活着或故去的人们。

市郊的四丰山公墓，曾去过多次，离居民区不远。那儿，尚无我的亲人，去，仅是给熟识的人送行。其间，老中青皆有，他们的气息依存，身影依旧。

我在那儿，已置了块墓地，双层，面朝东南。除了父母，还有本人的，虽早了点儿，且算处房产吧，也是给自个儿的一个交待。这样活下去，安生，就不差啥了，哈哈——

日头焦黄了，喊渴，喝干了露水。坟地上，烟雾冉冉，纸灰翩翩，如人的绵绵哀思，似魂魄的逍遥自在。上坟的人，一拨拨来，一拨拨地走，没见谁哭天抢地，泪流成河。

屯东的老俩口，赶牛车来的，我帮着卸下东西，有烟、酒、糕点、水果和黄纸。老太太抱下只猫，溜圆，毛色旧了，胡须子打弯。它挪到坟前，作了个揖，“喵”了几声；便伸长爪子，上上下下，摩挲墓碑上的字，挺带仪式感的。

老爷子说，每年得来五回，分别是清明、七月十五、腊月二十九、二老的忌日。虽说一趟趟来，可老俩口的脸上，恬静安详，未见丁点烦躁的模样。

老太太盯着猫，接茬道：“唉，活着，就知足了，有一个窝儿，一身衣裳，一只碗，一双筷子。要讲指望，也有，等日后老了，坟前能有个人来瞅瞅。”

隔几步，一座坟头黑黝黝的，刚培上新土。年轻的夫妻跪下，喊一旁的儿子。儿子不听，拔了一根香，用嘴吹着，戳手里蜻蜓的翅膀。

“快过来，磕头！”

“不！我不给土丘子磕头，没人给钱。”

妈起身拽，也不动；举手要打，儿子跑远了。

当爸的叹口气，连连磕头：“老爹老妈，天灵有知，你们孙子还小，不懂事儿，可千万别怪罪，俺多磕几个，请保佑……”

那老俩口，搁一旁瞅，脸拉拉着，很长。

昨儿晚，七月十四的月亮也圆，圆得如银盘子，如铜盆儿，如牛皮鼓面……一阵风刮来，呜呜的，像在捎啥口信儿。牛倌老三，家是本屯的，有祖坟。却撂下手里的活儿，着急忙慌，夹捆黄纸就跑。

屯子的十字路口，亮起火光，映红了半拉天。烧纸的人中，多数的亲人，不在这儿，路通四方，只好遥祭。但也有的，则打发孤魂野鬼，为它们送上冥钱，好让自家的祖宗，在那边安宁。孤魂野鬼们讲究，钱会收走，连灰都敛尽了。

老三回来，跟我说，宰牛的老张头，也搁当院烧纸，火不旺，窜黑烟，熏得人直齁喽。他家老婆子，哭咧咧的，跪一旁叨咕，咋也听不清个个数。

从山脚下，往上走，半山坡上，有处坟包子。坟包子，不起眼儿。它在乱石荒草中，野菜遮脸，小心地探出头，像怕吓着别人似的。这儿，埋了一头牛。

年岁大的牛倌，告诉我：早年间，屯子里一土财主，家里牛老死了。大伙儿劝，扒巴扒巴，吃肉算了。他不干，好酒好嚼咕，请了八个人，把牛抬到这儿，给埋了。而且还焚香烧纸摆供品，该尽的礼数，样样没落。土财主心诚，又搭个窝棚，领着儿孙，守了三天三宿。

到了第四天头上，人走了，飞来群喜鹊。它们吱吱喳喳，也忙活了三天三宿，爪子都刨秃了，也没见牛的影儿。别看喜鹊吉庆，可嘴馋，啥肉都吃，是饿死鬼。

眼下，这坟包子上，铺满了灰灰菜。灰灰菜疯长，把天顶得拔高，把坟头踩得矮小。它们有点老了，杆儿青红，如同干了的血流儿；叶儿浅灰，恰似此时人心的颜色。此种野菜，嫩时，人能吃，当年抗联的队伍，曾靠它活命。等晾干后，可入药，清热解毒杀虫止痒。

不知啥时，牛们也来了，圈拢着，低下头，噗噗地抽鼻子。这功夫，起了股小旋风，绕着坟包子，滴滴溜溜转。灰灰菜叶上的细粉，在气流中颤，迷了牛们的眼睛。

到了晌午，大果子来了，找我喝酒。以前，他在我牛场呆过，嫌受管控，便给散户放牛了。此人，邪性。一是瘦，身子上，除了筋和皮，只剩副会动弹的骨架子。牛们不怕，以为是支着衣裳的苞米秸子，在风中晃悠。

二个呢，活得拧劲子。比如：他也养宠物，啥儿，两只小猫头鹰。这俩小玩艺儿，猫不猫，鸟不鸟；一只眼睁，一只眼闭。天一黑透，就细声细气的，“嘎嘎”出瘆人的动静。邻居们倒霉了，鸡不下蛋，小孩子不睡觉。至于喂啥儿，大果子不搭腔，光嘿嘿地乐。

再比如：天好了，酒高了，他隔三岔五，奔坟圈子住一晚上。理由是，来回走，折腾。大伙儿逗他：“加小心点儿，别叫鬼给劈巴了。”

大果子摸摸脸：“瞅我这干巴瘦，浑身的肉撕净了，还不够猫舔的，更甭提鬼了，它们嫌费事儿，都得绕着走。”

“那可没准儿，别忘了，你裆下还耷拉四两肉哩。”

我曾问他：“你不怕鬼，没啥，牛还怕呢？”

“牛怕啥，它们从不做亏心事儿，不怕鬼上门。”

他在坟茔地睡，乡亲们犯膈应，惊扰了老祖宗，心不静。

人，邪性了，不招待见，也没女的搭理。大果子过四十了，依然光棍一条，一条光棍。他上杆子，找我喝酒，图个浑合热闹，咱得给面子。面子，值多少钱一斤，份量自需掂对明白。再说了，人家活自个儿的，又没在咱祖坟上撒尿，更没抱咱孩子下井，无怨无仇。另说了，自斟自饮，空的慌。

我俩喝酒，能饮非善饮，东拉西扯，不知不觉，傍黑了。大果子说：“一会儿，咱哥俩别穷折腾了，就搁坟圈子睡一宿，跟鬼们团圆团圆。”

我一听，汗毛直乍乍。啥叫酒胆包天？酒胆包天了，刘邦能斩蛇，李白能骂娘，武松能打虎……等轮到了自个儿，敢情不一样，酒越喝胆儿越小，捏起来，没个针鼻儿大。就忙摇摇头：“别的，可别的，正因为过节，地府大敞四开，鬼都出来了，备不住有牛鬼。我养的牛，一茬茬儿的，可没少往屠宰厂送。”

“怕个啥？有酒，有月亮的。”

饮酒，月下最好；若伴一古琴洞箫，则更妙。但这是在坟圈子啊，酒，鬼会不会抢？月，鬼会不会摘？或万一呢，它们酒高了，“酒酣喝月使倒行，”咋办？我又摇了摇头。

“真不想掺乎，那拉倒吧。”他用鸡爪子样的手，拍了拍我肩膀，不疼，有点硌。

回家的路上，牛们猴急。再甩三个豆角弯，就瞅到村头了，大果子来电话：“老哥，今儿过节，鬼们兴许作妖，你把手机开着，听着点动静。”

隔天清早，他眼圈黢黑，腿打飘儿，一瞅见我，脸儿放晴了，像找到了亲人——

昨儿下晌，光顾灌尿水子了，还没等躺下，肚子就空落落的。好在俺有准备，摸黑划拉抱柴禾，点着了，搁上茶缸子，煮毛豆。毛豆刚鼓粒儿，嫩绰，没啥嚼头，也少盐酱。柴禾下，埋了几个小土豆。土豆没抻腰，绿拉吧叽的，涩苦。

胡造了一顿，俺垫块塑料布，盖件军用雨衣，枕上捆草，闷头便睡。梦里，一小媳妇，长得那个俊，正趴在俺耳边说话。话儿那个甜，甜得齁人，甜到人的心坎里。

猛地，发觉有人扒拉俺脚丫子，下手挺重。睁眼一瞅，树影下，戳着个怪物，黑森森的，一丈来高，还呼呼地喘粗气。这怪物当间，更瘆人，忽闪两蓝灯笼，贼蓝贼蓝的，悠悠转着个儿。

俺毛秧子了，一轱辘爬起来，撒腿就跑。那怪物，扑扑腾腾，紧着撵。恍惚中，这怪物长着脑袋，脑袋上竟立着长头发。妈呀，还是个女鬼！

到了月亮地，回头一瞅，真亮了，是俺放的黑牤子。它一根犄角上，竖挑着俺枕的那捆草。缓神儿了，俺立马酥了骨，裆里精湿，尿脬子都吓瘪了……

无鬼不成戏。

我憋不住乐，眼泪都出来了，掏出根烟，递过去。并拍拍他肩膀，正儿八经地说："兄弟，不做亏心事儿，不怕鬼上门。"

"可不是咋的。"大果子直点头，脸上的褶子，新鲜了不少。他接着说："今儿晚回去，俺把猫头鹰崽子给放喽。"

旋风

天蓝蓝，日光光，澄明当头，朗净得要命。

穿箭似的，飞来一伙家雀儿，落在牛背上，蹦蹦跳跳，吱喳地唠家常。牛埋着头，嘴没在草中，破浪似的游走。

放牛时，有吃的，牛自顾自，人便轻松了。于是，拿出书，想清雅一下。“西风吹书读哪页？”惜之无风，压根儿亦无风。风都沉下来，或躺在草地里睡着了，梦中尘土飞扬；或藏在牛肚子下面，吞吐腥臊味儿；或躲在人背后，揣摩心跳的动静。

我手中的书，乃闲书，沈三白的《浮生六记》。无风也罢，好随意翻。读闲书，应不以时地为限，也不讲求姿态，全凭个人心境。

宋词人晏殊，曾填《踏莎行》云：“翠叶藏莺，珠帘隔燕。炉香静逐游丝转。一场秋梦酒醒时，斜阳却照深深院。”此阙字里行间，虽未提及读书，然其幽静闲适，却契合清人沈三白的情致，为读闲书之佳境。此等“雅舍”，我梦不可求，醉不敢言。

一放牛的人，只要牛甜乎你，让你心空下来，恣性树下水畔田埂上，皆可展卷，乱翻成趣。“若无闲事挂心头，便是人间好时节。”

翻会儿书，眼花了，抬头四外打量：有一小羊羔，是老于头的，直朝花乳牛胯下拱，咩咩的，声儿颤，让人心怜。有一老妈妈，华发掩面，蹲着挖野菜。野菜少，篮子大，瞅着都累……

风景恍如昨日。蝇子飞过，草叶想接住影子，却一掠而逝。草根间，一曲蛇蠕动，样子很是散淡。为啥叫“曲蛇”？乡下老辈儿传下来的，若称“蚯蚓”，会招人笑话。眼前的曲蛇，红褐色，比小手指长，筷子头粗细，柔弱无骨，软了我的眼神。

曲蛇个性，喜静喜暗喜潮喜暖喜独居，怕光怕水怕热怕冷怕响动。它们辛劳，是土中的老农，极少露面显摆。这会儿，它咋钻出来了呢？或许憋闷了，要散散心；或许嗅到墨香，要沾沾文气；或许知我根底，要谋谋面……

在《浮生六记》中，沈三白记幼年：“余忆童稚时……卵为蚯蚓所哈，肿不能便。捉鸭开口哈之，婢妪偶释手，鸭颠其颈作吞噬状，惊而大哭。”这段话，前几日读过，回目再三，窃笑不止。其闲情如此，真趣如此，快意如此，实属天赐。此刻想来，仍忍俊不禁，叹曲蛇有幸，三白难为。

其实，古书上记载，曲蛇亦谓“地龙”。能药用，清热平喘，通经活络，定惊利尿。不知该说法，三白曾过心否？

起风了。

风很薄，薄得不能再薄了，一片一片飘过来，拂到人脸上，立马弯了，蔫拉吧叽，钻进衣领里。紧接着，风厚了，一沓一沓地堆过来，磕开书页，碾平了草尖儿。猛然间，风向变了，魔圈似的，顶天立地，旋卷起身子。

草地平溜，阔展，成了风的舞台。风，泼泼辣辣，张牙弄爪，还心眼邪性——它，脚缠紧人和牛，腰往上拧劲儿，嘴咬住日头，要把大地上的生灵，一股脑地挟上空中。

白牤子红着眼，奔了过来。牛，眼珠子大，看清风了，要告诉我长得啥模样，揣的啥心思。我身边，无树无石无土埂子无抓手，只有地实成，便早已趴下，抱着头，压住书和啤酒瓶子。白牤子也趴下来，一条腿护住我屁股，用力按着。

缺条腿的老于头，在风里，活了大半辈子，也怕旋风。他脸紫青，拄着拐，比风蹦得还快，几步蹿到牛跟前，拽住了牛尾巴。他的小羊羔，吓毛楞了，先是在草浪上，白成朵打颤的云；倏地灵气了，钻到花乳牛颏下，哭着叫。花乳牛揣犊了，它前腿跪下，佝偻着身子，护好肚子。

“旋风天地转”，眨眼又天蓝蓝，日光光了。牛们没乱营，聚堆儿卧着，眯缝眼，倒嚼。白牤子站起来，转着圈打旋儿，犄角还一挑一挑，像在找风，要跟它较劲儿。

离我十多步远，原长棵小树，半人来高，眼下没影了。可在我的脚尖儿，多了枚树叶，色儿灰绿，干巴了，一碰就碎，卷了能当旱烟抽。人一激灵，想起了曲蛇，忙四下翻捡，它竟在书底下。这小傢伙很惬意，腰一弓一弓，似在表示：谢了，《浮生六记》；谢了，沈三白。

在城里，也刮旋风，极少，难惹人兴致，顶多卷起些纸片子、空塑料袋。前几天，旋风踅摸到屯子，围着牛棚，鬼声鬼气地叫，可进不了圈，只是生气。牛棚梁上的蜘蛛网，吊着灰，直晃悠，却掉不下来。搁乡下，蜘蛛网是盛钱的袋子，不能打扫，更不能让风带走。

忽地，平地又起了股小旋风，个儿不大，如倒扣的草帽，氽一样向前转。花牤蛋儿撒开四蹄，尾巴上扬，追了上去。小旋风悠悠的，一忽儿左，一忽儿右，身形跟水发了似的，一圈圈变粗变高。

先前，刮风时，花牤蛋儿少年心性，陪着白乳犊，去了远处的小溪，玩水戏鱼，未赶上。老于头喘匀了气儿，问我：“花牤蛋儿咋的呢，撵旋风干嘛？”

听放牛的老蒋头讲："旋风有灵性，缠裹着先人的魂儿，刮起来的时候，谁扔一块土坷垃进去，准会有血滴子砸人脑瓜顶上。"他还说："先人的魂儿，空落，抻头驾着风，可哪儿逛荡。要是瞅见小孩子，顺手就拐了去……"这老蒋头，过八十了，辈份高，见识广，爱玄乎。乡亲们埋汰他——尽瞎扯，叫贼风灌饱了，给撑的。是啊，人让风灌饱了，才老的。

再说那股旋风，叫花犊蛋儿追着，转悠远了，扭身进了苞米地。苞米叶子油绿，齐刷刷竖起来，哗哗地响，大老远地一听，鬼拍手的动静。牛们支棱耳朵，望着牛犊儿傻撵，满脸的糊涂。

花犊蛋儿停住脚，站在地头瞅。它在等风，等风旋回来，"大鹏一日同风起，扶摇直上九万里。"

小犊蛋儿

六月过半了，草芽儿才抻腰，没过了野地蹦跳的老鸹。

我躺在草铺上，喝酒。酒，是白犊子背来的。要是哪一天早上，我忙乎忘了，它就瞅着酒箱子，拽我的袖子。背啤酒，是它的职责，不背不行。

啤酒味儿甜，蚂蚁们来了。有的钻进裤子里，四处乱咬，专咬那咬不得的地方。我想骂，骂最难听的话。可小犊蛋儿在身边，怕脏了它的耳朵。

小犊蛋儿吃草，性子急，连尾巴都不摇。草，嚓嚓地嚷，像是挺高兴，牛吃过了，长得会更快。这片草，我认识，前年，红牛犊捋过；去年，黑牛犊啃过；今年，轮到小犊蛋儿了。

草丛中，开一朵小花，叫不出名号。昨天尚嫩黄，眼下转白了，洁而不艳，美且不娇，羞羞地瞅着我，如同衣着朴素的妹子。

小犊蛋儿嘴快，草净了，独留下这朵小花，留一芳素白，一缕清影。它探出润滑的鼻镜，小心地闻着。闻了一会儿，它哭了，泪珠子光亮；光亮的泪珠子中，映出数朵小花。小花成了串儿，流淌在牛犊子的脸颊上。

前几天，一牛贩子，急三火四，撵到放牛的地方。他围着小犊蛋儿，举着手机，猛劲地拍照，又打了通电话。说，一大老板请客，吃杀生里脊，相中了小犊蛋儿。问，出啥价儿？

小牤蛋儿慌了，忙去找老乳牛。老乳牛见过世面，熟悉牛贩子，他常来牛场，咋咋呼呼的，讨牛厌。

这牛娘俩儿，盯着我，眼眶里伸出了手。我直摇头，牛贩子递上烟，不接；再递，仍不接。肉牛的日子短，我得给它童年。

牛贩子跺跺脚，把烟盒团巴团巴，砸向小牤蛋儿。接着，狠叨叨的，斜睖我一眼，走了。

车直蹿跶，轰轰隆隆响。白牤子跟着撵，哞哞的，不知是骂，还是乐。

老乳牛掉泪了，泪落的地方，长出了这朵小花。

放牛的诗人（代后记）

一场透雨，加上连天的大日头，草疯了，牛才过嘴不久，竟窜出了一拃多。牛知晓，天刚亮就扑腾，要去草地。

诗人朋友来了，陪我一块儿放牛。我俩老交情，早年跟风儿，都迷恋文学。每天，无由头地郁闷，又无由头地痛快。至今，他痴心依旧，与诗苍老千年。

上大学时，诗人光着脚丫，顶风冒雨，跑了二十多里地。见树下拴一牛，便扑嗵跪下，朗诵起诗来："牛咤咤，田确确，旱块敲牛蹄趵趵……"

牛闹心了，寻思：我这儿正淋雨，浑身精湿，你却嚷嚷旱田耕作，日子拧歪了不？就一低头，犄角尖朝人，要下死手。诗人不傻，忙躲开身子，脑袋撞在树干上，磕了个口子，缝了好几针。他算幸运，脑子没残废，可离诗仙远了，离诗疯子近了。

望着草地上的牛，诗人感慨："我看你的牛，跟别的牛没什么差别。"我只能笑："有差别就坏了，牛不是艺术品，越奇特越好。它们跟你的诗一样，挨个儿皆一个模子。"

我这人，活在牛粪味里，嘴臭，一不留神，呛了诗人肺管子。他大口抽烟，烟头明灭，似乎要把草点着了。接着，又吐了口痰。草叶上，有两蚂蚁在搬家，祸从天降，它们只好在苦难中挣命。

这时，飞来片干草叶子，飘飘乎乎，就是不着地。诗人盯着干草叶子，问："会想像吗？"

“想像个啥儿？”

——这片草叶是张钞票
不是落入你的眼中
就是浮在牛的梦境

且无需细琢磨，我便明白，“你的眼中”的“你”，其实是指眼下的“我”。我的眼中，可能充满贪欲；只有贪欲的人，才养牛；并在牛的“梦境”里，捞取大把的钱票子。诗人到底是诗人，损人都拐弯抹角。我嘴角的烟，一下子苦了。

吃草的牛，终于鼓捣出点动静。一红牛犊，着了魔似的，翻蹄亮掌，跑了起来，越跑越快，呼呼地带着风。

“啊——”诗人信口而诵：

肥美的草地上
小牛犊在燃烧
燃烧成一团烈焰
燃烧出一首牛的歌谣
……

该回家了，牛们大摇大摆。诗人来了拗劲儿，非要骑牛，想找找感觉。

我也死犟，说啥不同意。牛吃饱了，岂能受重，容易积食，再好的诗，亦治不了。

隔日清早，诗人又带着书，跟我放牛去了。

www.ingramcontent.com/pod-product-compliance
Lightning Source LLC
Chambersburg PA
CBHW031306120726
47906CB00003B/905

* 9 7 8 1 0 6 8 8 4 8 5 4 4 *